SIMPLICIDADE

Mark A. Burch

SIMPLICIDADE

Idéias, Exemplos e Exercícios para
Conquistar uma Prosperidade Inimaginável

Tradução
ROSANE ALBERT

EDITORA CULTRIX
São Paulo

Título do original: *Simplicity*.

Copyright © 1995 Mark A. Burch.

Todos os direitos reservados. Nenhuma parte deste livro pode ser reproduzida ou usada de qualquer forma ou por qualquer meio, eletrônico ou mecânico, inclusive fotocópias, gravações ou sistema de armazenamento em banco de dados, sem permissão por escrito, exceto nos casos de trechos curtos citados em resenhas críticas ou artigos de revistas.

O primeiro número à esquerda indica a edição, ou reedição, desta obra. A primeira dezena
à direita indica o ano em que esta edição, ou reedição, foi publicada.

Edição	Ano
1-2-3-4-5-6-7-8-9-10	01-02-03-04-05-06-07

Direitos de tradução para o Brasil
adquiridos com exclusividade pela
EDITORA PENSAMENTO-CULTRIX LTDA.
Rua Dr. Mário Vicente, 368 — 04270-000 — São Paulo, SP
Fone: 272-1399 — Fax: 272-4770
E-mail: pensamento@cultrix.com.br
http://www.pensamento-cultrix.com.br
que se reserva a propriedade literária desta tradução.

Impresso em nossas oficinas gráficas.

Para meu pai, que me ajudou a perceber.

Para minha mãe, que me ajudou a me importar.

Para meus filhos Aaron e Sarah, a quem o futuro pertence.

Para minha amiga Anne Camozzi, que me fez acreditar em minha canção.

SUMÁRIO

Agradecimentos 9

1 **Viver com simplicidade** 11

Afinal, o que é simplicidade? 13

Por que adotar a simplicidade voluntária? 19
    Viver com simplicidade em benefício próprio 20
    Viver com simplicidade em benefício dos outros 37
    Viver com simplicidade em benefício do planeta 50
    Viver com simplicidade e com mais profundidade.... 55

A tecnologia do ser 62

2 **Explorações** 75

Explorações 77
    Aqui e agora 78
    As melhores coisas da vida... 80
    Registre sua rotina diária 83
    As utilidades do nada 87
    Eu quero isso agora! 89
    Meu planeta por uma xícara de café 93
    Aos filhos dos filhos dos meus filhos 96
    Para onde vai o dinheiro... 98
    Imagine um mundo melhor 102

Grupos de estudo sobre simplicidade 107
Grupos de estudo... 109
Retiros e *workshops* 110

AQUI E AGORA 111
AS UTILIDADES DO NADA.................................... 112
O CUSTO/BENEFÍCIO DA ABUNDÂNCIA 115
EU QUERO ISSO AGORA! 118
MEU PLANETA POR UMA XÍCARA DE CAFÉ............. 120
CARTA AOS DESCENDENTES.................................. 122
IMAGINE UM MUNDO MELHOR.............................. 124

Sugestões de programação para *workshops* 126
Local... 127
Alimentação... 128
Ritmo 128
Diretrizes para o trabalho em grupo............... 129
Workshop de uma noite............................. 133
Workshop de um dia 134
Workshop/retiro de dois dias 135

Leituras recomendadas 137
Referências bibliográficas 142

Agradecimentos

Eu gostaria de agradecer à permissão dada pela Editora Harper Collins Ltd. para incluir partes da obra *Buddhist Meditation*, de Edward Canze, neste livro. Gostaria também de agradecer a Judith, Christopher Plant e à equipe de produção da New Society Publishers por seus conselhos e incessante estímulo.

– Mark Burch

Afinal, o que é simplicidade?

Afinal, o que é simplicidade? A idéia de se levar uma "vida simples" nos deixa uma sensação de nostalgia e de apreensão ao mesmo tempo. Para algumas pessoas, a idéia de ter uma vida simples evoca imagens de vilarejos antiquados da virada do século passado. Essa fantasia hollywoodiana remete a um mundo e a um estilo de vida que, provavelmente, jamais existiram em lugar nenhum. Entretanto, esses retratos do que viria a ser uma vida simples nos ajudam a recordar certos valores associados a um tipo de vida menos confuso, caótico e complicado. Havia tempo para sentir o aroma das rosas. As pessoas davam mais importância a amizades verdadeiras e aos seus laços de família. Muitas se sentiam mais profundamente arraigadas ao seu lugar de origem e tinham um sentido de continuidade em relação à história e à herança cultural.

Contudo, muitas dessas imagens nostálgicas, que minimizam as dificuldades e perigos que nossos antepassados tinham de enfrentar, também incluem uma tecnologia primitiva e ineficaz com duvidosas implicações para a saúde. As comunidades podiam de fato ser mais unidas no século XIX, mas isso se justifica, em grande parte, pela necessidade coletiva de superar os desafios da luta pela sobrevivência. O fato de as pessoas viverem próximas à sua terra natal e ligadas às suas raízes devia-se muito mais à falta de recursos para viajar do que pela existência de laços afetivos. Em muitos casos, quando o progresso econômico libertou os habitantes das pequenas comunidades rurais de sua existência monótona e provinciana, eles aproveitaram a oportunidade e partiram para explorar novos lugares. Além disso, quando a tecnologia libertou o homem do trabalho pesado, essas inovações foram adotadas o mais rápido possível.

Mesmo a população norte-americana, com toda a abundância e luxo de que dispõe, não está distante muitas gerações da vida que levava o pioneiro, o colono e o proprietário rural. Podemos romancear essa época por razões emocionais, embora muitos associem "vida simples" com um modo de vida tecnologicamente primitivo, repleto de privações e trabalho pesado. Desejamos o restabelecimento dos laços que associamos ao passado e lamentamos a solidão e o perigo das cidades modernas, mas a maioria não escolheria a coleta de frutas e sementes como modo de vida.

Nosso hábito de pensar na simplicidade como a mais completa privação ou, então, como uma utopia nostálgica nos faz perder a oportunidade de explorar e realmente *desenvolver* os significados de um modo de vida simples que não envolvem nem miséria nem fantasias utópicas. A simplicidade contém valores que nos fogem à memória quando conservamos os preconceitos e as idéias preconcebidas gerados pela mídia e pelos empresários, cujos interesses econômicos repousam na complexidade e no consumo.

Nas próximas páginas, pretendo explorar o assunto simplicidade, não como um regresso romântico ao passado, mas como um processo sério de autoconhecimento e de conscien-

Afinal, o que é simplicidade? **15**

tização. Eu gostaria também de tratar do modo de vida simples como uma resposta holística, prática e individual a muitas injustiças sociais e ameaças ecológicas e à insegurança econômica. É um caminho que podemos adotar na gradação que julguemos compatível com nossos objetivos.

Para começar, há algumas coisas que eu definitivamente *não* considero simplicidade ou modo de vida simples. Nessa categoria, eu incluo ascetismos falsos que, pela não-satisfação de necessidades básicas, causam danos físicos e emocionais; privações involuntárias sofridas por populações com história de longos períodos de opressão, exploração e instabilidade política; movimentos simplistas de "retorno à natureza", baseados num conceito ingênuo no que diz respeito à real complexidade da vida(!); e elitismo moral, que identifica pobreza com virtude e inocência. Para mim, foi suficiente conhecer dois padres franciscanos que estavam numa terrível discussão para ver qual deles usaria o par de sapatos mais surrado, para então perceber que simplicidade de espírito não tem nada a ver com poucas posses.

Antes de mais nada, a simplicidade voluntária é *voluntária*. É um modo de vida que foi escolhido, não imposto. Situações trágicas ou que causem grandes privações às vezes nos impõem uma simplicidade que pode ser aceita sem grandes traumas, mas raramente a pobreza forçada é uma condição feliz. Simplicidade voluntária, por outro lado, é uma expressão da liberdade humana que tem como um de seus objetivos a ampliação dessa liberdade. Por se tratar de uma escolha, é prazerosa e produz mais resultados; é uma demonstração de auto-estima, de autoconfiança e do desejo de crescer espiritual, emocional e socialmente.

Por essa razão, nada do que for dito adiante pode ser entendido como uma nova apologia à "pobreza feliz". Enquanto a simplicidade é alegre, a pobreza certamente não o é. Ao tecer elogios à simplicidade, eu não estou oferecendo nenhum clichê para ajudar a manter as condições de desigualdade econômica e social. Pelo contrário, a simplicidade voluntária é exatamente o tipo de atitude pessoal holística que se choca com as origens da opressão, da desigualdade e do sofrimento.

A simplicidade voluntária envolve uma *questão de gradação*, não a descoberta de um padrão absoluto. Ao citarmos exemplos de como se levar uma vida simples, como a dos filósofos gregos Diógenes e Sócrates, a de Jesus de Nazaré, que "não tinha onde recostar a cabeça", Francisco de Assis ou Henry Thoreau, isso serve apenas para definir o longínquo fim de uma jornada que começa dentro de nós mesmos, da forma como vivemos e onde vivemos agora. Ao defender a simplicidade, isso não significa que eu esteja conclamando as pessoas a viverem como os filósofos ascetas, mas que procuro sugerir uma linha geral de decisões que podem levar a uma vida mais plena. A vida de um filósofo asceta, por mais romântica que possa parecer, dificilmente é uma opção de vida para a maior parte das pessoas que vivem em família, que são casadas ou têm relacionamentos desse tipo.

Além de ser uma questão de escolha, a simplicidade voluntária também implica uma moderação em nosso anseio por bens materiais e um redirecionamento de atividades. Duane Elgin define simplicidade voluntária como: "Viver mais voluntariamente significa viver a vida com mais consciência. Viver mais simplesmente é enfrentar a vida de forma mais direta[1]". Com isso, Elgin se refere ao envolvimento pessoal em atividades que são necessárias à nossa vida. Isso também implica uma conscientização maior no que diz respeito à nossa existência e à de outras criaturas com as quais compartilhamos o planeta. É uma decisão que torna a vida menos passiva e mais autêntica e participativa.

Afinal, o que é simplicidade?

Como as obras de preservação que reduzem não o que *precisamos* mas o que *desperdiçamos*, a simplicidade voluntária garante a cada pessoa o direito de libertar-se dos bens materiais. Ela apenas nos mostra que nossos objetivos na vida são mais variados e emocionantes do que o materialismo compulsivo. Mais do que tudo, a simplicidade voluntária confirma a liberdade humana e a independência diante da impotência, da dependência e da falta de esperança, que são os frutos espirituais dos excessos.

Nas páginas seguintes, vamos explorar alguns dos vários significados do que vem a ser simplicidade voluntária e as razões pelas quais uma pessoa ou uma família poderiam adotar esse modo de encarar a vida. Algumas razões podem ser pessoais, outras podem estar relacionadas a valores morais, objetivos sociais ou uma vida mais engajada do ponto de vista ecológico. Parte dessa "bagagem" já foi estudada por filósofos e ensaístas dos séculos passados. Não vamos repetir todo o trabalho deles, nem tampouco oferecer um resumo completo. Nossa proposta aqui se baseia, principalmente, em recuperar esses argumentos e então avançar para uma tecnologia da simplicidade e chegar ao manual de exercícios, que visa à construção de uma ponte espiritual e mental entre o nosso modo de vida atual e uma nova mentalidade.

Grande parte do trabalho anterior sobre a simplicidade voluntária, por melhor que seja, tem deixado a *prática* da simplicidade em segundo plano. É muito importante a *transição* de um estilo de vida consumista para um modo de vida mais simples. Ao ler alguns dos trabalhos já realizados sobre o assunto, a impressão que eles nos passam é que se trata apenas de livrar-se de certas coisas e jogar objetos no lixo, como se a transição entre os excessos da abundância e a simplicidade pudesse ser feita da noite para o dia! Minha intenção ao desen-

18 Simplicidade

volver a seção *Explorações* deste livro é facilitar essa transição com exercícios que nos ajudem a ficar mais atentos aos descartes exigidos pelo nosso ritmo de vida atual. Levar uma vida simples é imensamente gratificante para quem se propõe a isso. Entretanto, nós temos que reconhecer e respeitar a grande força do aprendizado anterior e o incessante estímulo ao consumo pela mídia, pela propaganda e pelos relacionamentos pessoais. Enquanto existem, sem dúvida, algumas almas abençoadas que conseguem "vender tudo, doar aos pobres e segui-Lo", a grande maioria das pessoas precisa ir se acostumando aos poucos com essa idéia. Muitos de nós vivemos em famílias ou relacionamentos nos quais a generosidade e os compromissos gerados por amor freqüentemente nos impedem de cometer atos individuais radicais. Nesses relacionamentos, as decisões que dizem respeito à nossa vida precisam ser discutidas com nossos companheiros, filhos e amigos, que são as pessoas que sofrem mais diretamente as conseqüências dos nossos atos. Assim sendo, procuramos um ponto em comum no qual todos tenhamos a possibilidade de viver de acordo com nossa própria idéia de simplicidade e, ao mesmo tempo, respeitando a visão dos que nos cercam.

A seção *Explorações* trata, portanto, de alguns desses assuntos, indicando caminhos para o autoconhecimento e fornecendo base para discussão no que se refere às grandes decisões da vida. Esses exercícios podem ser feitos tanto individualmente como com um parceiro ou em grupo.

A terceira seção do livro, *Grupos de estudo sobre simplicidade*, consiste numa série parecida de exercícios de exploração, dirigida especificamente para grupos. Ela inclui algumas sugestões de roteiro para pequenos *workshops*, diretrizes para trabalho em grupo e algumas observações de como fazer *workshops* que tratem de simplicidade voluntária.

Por que adotar a simplicidade voluntária?

P or que alguém adotaria a simplicidade voluntária? Diversas respostas têm sido dadas a essa questão no decorrer dos anos, e esse assunto não merece menos atenção agora do que no passado.

Hoje em dia, nós temos que ouvir uma extensa ladainha sobre questões ambientais, sociais, econômicas, políticas e espirituais relacionadas ao futuro da humanidade. Para a maioria das pessoas que vão ler este livro, provavelmente rever os detalhes dessa situação não será nenhuma novidade. Mas um importante ponto de partida para a simplicidade voluntária pode ser encontrado na idéia de que muitos dos problemas que envolvem a espécie humana estão *interligados*. Degradação ambiental, militarismo, desigualdade econômica, agitação política, decadência social e muitos outros problemas parecem dar voltas em si mesmos, formando uma única massa emaranhada. Esse ponto de partida não se desenvolve em pessoas basicamente saudáveis e afligidas esporadicamente por alguma dificuldade isolada, mas em pessoas com dificuldades básicas, que contam apenas com migalhas de sanidade e amor.

20 Simplicidade

Pessoas de boa vontade são convocadas para confrontar esse emaranhado de misérias e aflições em algum momento, já que as limitações da energia e do intelecto humano aparentemente impedem a "solução" para essa bagunça de uma vez por todas. Selecionamos algumas questões na esperança de, juntamente com outras pessoas com o mesmo interesse, chegarmos, de algum jeito, a uma solução para o todo.

Intuitivamente, desejamos que isso aconteça do melhor modo possível. A mesma intuição sobre as ligações entre os problemas sugere igualmente uma resposta abrangente para lidar com elas. A natureza não dá origem a novas flores colando uma folha aqui, uma pétala ali; ela produz *sementes*, que carregam em si a potencialidade do desabrochar de uma flor totalmente nova. Se não conseguimos viver com aquilo que colhemos no nosso atual modo de vida, então nós temos que procurar outras sementes – valores e perspectivas tão básicos que proporcionem grandes mudanças no nosso estilo de vida. Então resta a pergunta: o que as pessoas podem de fato fazer hoje para resolver essa situação complicada?

Assim, para entender por que qualquer pessoa poderia adotar a simplicidade voluntária, ponho à disposição tanto as minhas idéias como as de outras pessoas, idéias que, na minha opinião, encaixam-se em quatro grandes grupos: o *pessoal*, o *social*, o *ambiental* e o *transpessoal* (*espiritual*).

Viver com simplicidade em benefício próprio

"Um jarro de barro como meu único bem,
uma vestimenta que não atraia os ladrões,
Assim ficarei livre do medo..."[2]

A situação do Canadá é paradoxal. Por um lado, é um dos lugares mais cobiçados do mundo para se viver e, por outro, é evidente o *stress* e o descontentamento das pessoas. Várias pesquisas sobre satisfação no trabalho no Canadá têm demonstrado que grande parte da população canadense se sente infeliz na área profissional. Os índices de divórcio, de crime, de abuso, as agressões de vários tipos, e a pobreza, os problemas crônicos de desemprego, o preconceito e as injustiças sociais nos fazem concluir que, mesmo vivendo num país privilegiado do ponto de vista econômico, as pessoas ainda se sentem inseguras e transtornadas.

A simplicidade voluntária não é uma panacéia para todos esses problemas. Apesar disso, grande parte da população está começando a se sentir sobrecarregada com o *ritmo* de vida norte-americano, assim como com suas *complexidades*. A sociedade norte-americana tem sido construída com base na suposição de que os adjetivos mais, maior e mais rápido definem o que é melhor, mais saudável e mais feliz. Muitos de nós, contudo, questionam essa imagem. Se para atingir metas importantes é preciso que vivamos num ritmo insano, não é de se admirar que esperemos os dias de folga com tanta ansiedade, já que são os únicos momentos em que podemos viver de acordo com o nosso próprio relógio biológico e com os ciclos da Terra.

Há alguns anos, estive numa ilha em Lake of the Woods, no norte de Ontário, para participar de um encontro de verão de terapia bioenergética. Mais ou menos trinta pessoas foram deixadas nessa ilha, para duas semanas de terapia de grupo intensiva. Cada um de nós, é claro, tinha seus próprios problemas a serem tratados, mas o que mais me impressionou foi o fato de sentir como era saudável estar nessa ilha. As sessões intensivas em grupo, muito mais exaustivas do que qualquer

22 Simplicidade

outra coisa que eu já tenha feito antes, eram intercaladas com música, reuniões, massagens, serviços domésticos em grupo, caminhadas pela costa rochosa da ilha, com momentos dedicados a ouvir os sons da água batendo no cais, a observar o vôo rasante dos pássaros marinhos, a ouvir histórias, sonhos e pesadelos que cada um contava. Com o passar dos dias, comecei a me acalmar. Camada por camada de algo pesado e incômodo foi sendo retirada de mim, fazendo com que eu me sentisse leve, sensível, vibrante e cheio de energia. Esse processo não exigiu nada mais que nossa presença junto à natureza e o desejo de ajudar o próximo, em vez de grandes projetos para fazer fortuna ou mudar o mundo.

Lembro-me de ter me perguntado por que eu não poderia continuar vivendo daquele jeito. Nós não estávamos ociosos. Havia muito tempo livre para a realização de qualquer trabalho produtivo, muito embora ele fosse invadido por esse espírito de total desfrute do momento. Tudo o que eu já havia vivido antes da experiência na ilha me pareceu artificial e opressivo. Fiquei imaginando se os aborígines não tinham essa qualidade de vida antes da chegada dos europeus, como num sonho de união entre as pessoas e de integração com a natureza. Como os europeus puderam ser tão obcecados, dominadores e violentos? O que fez com que nos sentíssemos levados a criar uma civilização (como se pudesse ser chamada como tal) igual à que agora predomina na América do Norte?

Vivi muitos anos ligado à terra no norte de Ontário. Não idealizo a natureza nem crio ilusões sobre as dificuldades pelas quais os aborígines devem ter passado. Mas fico imaginando se viver bem de verdade é algo que fica em algum lugar *entre* os rigores de uma vida de caçadas e colheitas e o ar encanado e artificial dentro de caixotes de vidro, no alto de nossas prisões urbanas.

Reformulando a pergunta, não é, na verdade, uma questão de saber por que a vida "não poderia" ter o "selo" de qualidade da ilha. Além dos padrões arquetípicos que caracterizam a natureza humana, não há nada na *vida* que requeira uma configuração específica. Mais do que isso, percebi que é mais uma questão das *escolhas* que fazemos, as quais determinam a disposição e o estado de ânimo com que enfrentamos nossas batalhas diárias. Mudar essas escolhas é algo que está dentro das possibilidades de todos nós.

Numa publicação intitulada *Personal Lifestyle Response to Social Injustice*[3], Jorgen Lissner apresenta dez razões para se escolher a simplicidade. Alguns de seus argumentos nos indicam razões pessoais pelas quais devemos levar uma vida mais simples. Lissner considera a simplicidade voluntária como um *gesto de autodefesa* contra os efeitos do superconsumismo, que poluem a mente das pessoas. Viver numa sociedade como a norte-americana é viver, de uma forma ou de outra, sob ataque. Nós somos bombardeados, todos os dias, por "mensagens", "ofertas" e "demandas", sendo a maior parte relacionada com bens de consumo e serviços. A linguagem do nosso sistema econômico é a linguagem do descontentamento. A mensagem monótona que nos é passada é a de que essa ou aquela quinquilharia é o que *realmente* precisamos, ou *vamos* precisar, ou que *deveríamos* ter para sermos melhores, mais felizes e mais satisfeitos do que somos agora.

Um dos profetas mais brilhantes da Era Consumista foi Victor Lebow, que, em meados de 1950, escreveu no *Journal of Retailing*:

"Nossa monstruosa economia produtiva... exige que façamos do consumismo nosso estilo de vida, que transforme-

24　　　　　　　　　Simplicidade

mos o hábito de comprar e usar em verdadeiros rituais nos
quais buscamos nossa satisfação espiritual, a satisfação do
nosso ego, no consumo... Precisamos das coisas consumidas, gastas, usadas, repostas e descartadas numa velocidade sempre crescente."[4]

Nas cinco décadas que se seguiram, os norte-americanos
não levaram seus conselhos a sério. Pouco mudou nos anos 90,
exceto por um ligeiro mal-estar causado por problemas ambientais gerados por esse estilo de vida.

À voz do apelo se junta a voz de alerta: se não competir-
mos, adquirirmos e acumularmos, nosso bem-estar vai ser
abalado por outras pessoas que fariam isso em nosso lugar
(por exemplo, japoneses, chineses, coreanos), ou pelas circunstâncias (recessão econômica, desemprego, dívidas, falta de
competitividade). Portanto, se nossa hiperatividade não pode
ser conservada por meio de uma insatisfação pré-fabricada,
somos então ameaçados pelas imagens de perda e fracasso
pessoal.

Essa situação não é emocional nem fisicamente saudável
para as pessoas. No que se refere à vida pessoal, a simplicidade voluntária começa a partir da decisão de reavaliarmos nossas atividades e objetivos.

Uma das definições de *stress* é qualquer forma de *solicitação excessiva*. Temos que passar por um certo grau de solicita-
ções na nossa vida se quisermos desenvolver todo nosso potencial, mas cada um de nós tem sua "zona de conforto" em que
as exigências da vida parecem ser mais desafiadoras do que
ameaçadoras. Quando esse conforto pessoal é alcançado, tanto
a parte emocional quanto a física têm possibilidade de evoluir.

Há vários tipos de solicitação. Isso pode incluir exigências *físicas*, como nos casos em que há condições insatisfatórias
de sobrevivência, trabalhos perigosos, excesso de trabalho pe-

sado, exposição a doenças, choques, violência, ameaças de violência e climas extremos. Nós podemos também passar por exigências *emocionais* nos nossos relacionamentos, no trabalho, em nossa comunidade, na família e no nosso círculo de amizades. As exigências *intelectuais* aumentam com a complexidade da vida moderna, com as exigências do trabalho e o volume e a variedade de informações e decisões que temos que encarar diariamente. As exigências *financeiras* surgem quando temos que equilibrar os ganhos e os gastos, garantir a educação dos filhos, fazer economias para a aposentadoria e conciliar as diversas necessidades de todos os membros da família. Enfim, esses tipos de *stress* acabam se acumulando e se reforçam mutuamente.

Todas essas preocupações teriam algum valor se conseguíssemos perceber que elas nos trazem uma qualidade de vida melhor e mais satisfação pessoal. Entretanto, esse não é o caso. Pesquisas realizadas desde a década de 50 têm mostrado que o aumento vertiginoso do ritmo e da complexidade da vida, especialmente em centros urbanos, não é o mesmo no que se refere ao bem-estar das pessoas. O consumo pessoal praticamente dobrou desde 1957, mas a proporção de pessoas (por volta de 30%) que declaram estar "muito felizes" com a própria vida é a mesma daquele ano[5]. Outra pesquisa mostra que, uma vez que a renda cresça acima do grau de pobreza, a correlação entre renda e bem-estar é mínima ou inexistente, e que pessoas ricas de países desenvolvidos e "pobres" de países em desenvolvimento apresentam freqüentemente o mesmo grau de bem-estar pessoal[6]. Em alguns casos, as pessoas se dizem menos felizes agora do que no passado.

A simplicidade voluntária oferece um jeito próprio de reduzir *stresses* originados por estilos de vida que se tornaram complexos demais para serem saudáveis ou satisfatórios. Levando uma vida mais simples, podemos aumentar nossa segurança financeira por estarmos gastando menos, e, conseqüentemente, uma gama maior de possibilidades de emprego pode nos propiciar uma renda adequada. Tornando-nos mais seletivos e conscientes de nossas atividades, temos mais tempo para a família, os amigos e os estudos, o que intensifica nosso prazer de viver.

Uma das maneiras de reduzir as exigências da vida, usadas pelas pessoas que escolheram a simplicidade, é aplicar a energia, seletivamente, nas atividades que contribuem diretamente para a subsistência e fazer isso, o máximo possível, com base nos próprios esforços ou em parceria com os vizinhos. Cultivar um pomar ou uma horta no quintal de casa não só reduz nossos gastos com comida, como aumenta nossa autoconfiança e nos ensina a produzir e preservar nossos próprios alimentos.

Trabalhar em parceria com amigos e vizinhos nos ajuda a descobrir nossas próprias habilidades e talentos, ao mesmo tempo que estreita laços de interdependência. Descobrimos que precisamos uns dos outros e que podemos contar uns com os outros. A segurança passa a ser então definida de outra forma, não por minha estabilidade bancária, mas, principalmente, por minha contribuição à comunidade. Assim, a simplicidade encontra segurança no *relacionamento*, enquanto o consumismo procura segurança na *propriedade*.

O foco na comunidade, que é o que mais caracteriza a simplicidade voluntária, é um outro exemplo de como ela pode ser gratificante. Muitas vezes temos condições de adquirir e usar coisas, mas não nos relacionamos com elas. Em muitos casos, o valor atribuído às coisas que possuímos depende de como elas afetam nossos relacionamentos. O carro chamativo, o guarda-roupa que muda de acordo com a moda, os cosméticos exóticos podem encontrar a maior parte do seu valor no poder que achamos que eles têm de nos dar *status*, atenção, e talvez até satisfação amorosa ou sexual. Se soubéssemos inspirar respeito e obter satisfação amorosa e sexual, por que perderíamos tempo com um carro possante?

Lissner também considera a simplicidade voluntária como um *ato de afastamento* da neurose empreendedora da nossa sociedade persuasiva e materialista. Como isso é verdade, acho que temos que ser bem claros sobre o que significa "afastamento". A simplicidade voluntária não é uma doutrina de sovinas eremitas! Não nos afastamos de uma rotina socioeconômica já existente para nos sentar e alimentar nosso ressentimento contra os seus excessos. Nós deixamos de lado um padrão de comportamento para adotar algo que seja mais benéfico. Como as pessoas que se esforçam para superar um vício, nós nos afastamos de hábitos autodestrutivos para melhorar nossa saúde e bem-estar. Isso leva tempo e necessita do apoio da comunidade.

Há muitos anos, ajudei a organizar retiros espirituais para os membros do sexo masculino da minha igreja. A prática do retiro requer um fim de semana ou mais num mosteiro ou outro local apropriado em que ocorra o mínimo de socialização. Os participantes guardam silêncio e fazem orações, reflexões, leituras e pausas para descanso. Muitos homens da nossa congregação não participavam dos retiros e alguns expressavam ansiedade com o fato de passar uma noite e dois dias em silêncio, ou tentavam me convencer de que ficariam dispersivos pelo tédio da "falta do que fazer!". Essa era uma preocupação real para muitos deles e, mesmo os que participaram do retiro, muitas vezes achavam impossível suportar o silêncio e a solidão por mais que algumas horas.

Simplicidade

Essa experiência me impressionou pela forma com que nossa cultura nos leva a concentrar passivamente nossa atenção naquilo que é externo, e não no que está dentro de nós. O bom consumidor enxerga o mundo como um entretenimento. Quanto mais absortos nesse modo de vida, menos acreditamos em nós mesmos como centros ativos para a geração da consciência, de discernimento e de alegria. Não acredito que isso seja tanto uma *incapacidade* coletiva quanto uma *falta de treinamento*.

Em outra ocasião, fiz um solitário retiro de oito dias durante os quais minhas únicas conversas se resumiam a uma hora por dia com minha diretora de retiro. Um dia ela me disse: – Apenas olhe e veja Deus em todas as coisas.

Achei que essa instrução era muito zen para partir de uma superiora beneditina, mas depois, naquela mesma manhã, sentei-me no jardim do mosteiro e fiquei observando uma pequena aranha, de um verde translúcido, trabalhando numa cerca viva. Os dias de silêncio que antecederam aquela manhã me ajudaram a não desviar minha atenção da aranha. Ela trabalhou metodicamente fiando sua teia, pegou um inseto, paralisou-o, envolveu-o na seda e alimentou-se dele, começando então a refazer sua teia no lugar onde a presa havia lutado para escapar. Assisti a isso profundamente absorto, sem *pensar* no que realmente estava acontecendo. A aranha simplesmente *existia*. E eu também. E nós dois estávamos ali juntos, totalmente absortos no momento. Quando me dei conta do tempo, percebi que tinha observado a aranha por mais de uma hora. Eu não estava fazendo nada, exatamente. Mas senti, por um momento, que eu tinha sido apanhado por algo delicioso e maravilhoso. A vida era maravilhosa. A morte era maravilhosa. A aranha, o arbusto, o sol, eu, éramos todos maravilhosos. Com certeza, a vida era bela e graciosa em todos os lugares e me ocorreu que eu poderia passar muito tempo da minha vida desse jeito, considerando quantas flores eu veria desabrochar, quantas teias, quantos ninhos de pássaros, húmus, aquela espuminha da superfície dos lagos, folhas nascendo dos galhos e borboletas saindo do casulo! Sem dúvida. E para que serve a consciência humana?

Nós não fazemos o caminho de volta à simplicidade para nos tornar menos, mas para sermos mais, porém de um modo diferente daquele de *termos* mais. Creio que o que Jorgen Lissner quer dizer quando chama a simplicidade voluntária de um "ato de afastamento" da neurose do empreendimento é que ela se trata tanto de um movimento *rumo a* um modo de vida profundo e ativo como também de uma consciência reorientada. A busca pela realização, típica da nossa cultura, faz com que concentremos nossa atenção o tempo todo em nós mesmos, em nossos esforços, em nosso conforto, em nossos anseios, em nossos medos. Mais do que isso, ensina-nos a colocar a fonte e a satisfação desses estados de consciência fora de nós mesmos. Ela é "centrada no outro", mas apenas de um modo muito especial – do modo que serve aos fins da economia de mercado. Esta, por sua vez, não permite a lentidão, a paciência, a concentração e a atenção afetuosa que possibilitam os relacionamentos.

Um modo de vida confuso e complicado, voltado para o consumismo, não deixa tempo para encontros desse tipo com aranhas ou pessoas. Outra razão pessoal para se levar uma vida mais simples é deixar nossa vida livre para mais experiências como essas. É com freqüência no silêncio e na solidão que descobrimos capacidades para o discernimento e a alegria que são intrínsecas à natureza humana. E estas, por sua vez, não são um bem que possa ser comprado ou vendido, ou que a preocupação com comprar e vender possa simplesmente silenciar.

Um aspecto relacionado com tudo isso diz respeito a modelos de comportamento voltados para a realização pessoal que são promovidos pela mídia e pela cultura corporativa. O profissional modelo é um malabarista que consegue manter o maior número possível de bolas no ar ao mesmo tempo: carreira, família, relacionamentos, comunidade, cuidado consigo mesmo, bem-estar comum, assuntos sexuais, direitos civis, alimentação saudável, etc. Ele está ligado a um computador, está sempre em movimento, tem alcance internacional, é poliglota, está sempre ao telefone, é sempre competente e realizador, e é capaz, de alguma forma milagrosa, de se superar em todas essas categorias. Principalmente para as mulheres que estão no mercado de trabalho, a expectativa parece ser de uma jornada de trabalho de catorze horas por dia, enquanto atendem ao mesmo tempo às necessidades pessoais e familiares e contribuem de alguma forma com a comunidade. Esse tipo de comportamento da pessoa "moderna" é claramente maníaco. Ele é absolutamente destituído de paz de espírito, de profundidade e mais ou menos desprovido de orientação. Presumimos, em virtude de toda essa "ocupação", que o homem ou a mulher aqui retratados estão trabalhando pesado por objetivos que valem a pena, só que raramente sabemos quais são eles. Somos obrigados a aceitar que essa movimentação permanente é uma recompensa por si mesma, e que quanto mais uma pessoa fizer, melhor, e se puder fazer mais rápido do que qualquer outra, melhor ainda. Toda essa imagem é a antítese para se chegar a uma vida consciente, ponderada e cautelosa. Entretanto, essa situação se encaixa perfeitamente nos propósitos de uma cultura corporativa. Os negócios exigem profissionais de grande versatilidade, cuja imagem é programada e que estão à disposição para cumprir ordens em qualquer lugar e a qualquer hora.

Além da reflexão sobre a simplicidade voluntária como um ato de autodefesa e de afastamento, eu gostaria de acrescentar mais uma idéia: que a simplicidade voluntária é um *ato de afirmação*. Muito freqüentemente, a simplicidade voluntária é apresentada com um certo tom de abdicação puritana, como se privação conferisse virtude. A simplicidade soa como um convite para sentirmos frio, fome e aborrecimentos, em reparação a alguma culpa que deveríamos sentir por termos sido aquecidos, alimentados e desafiados. Não é à toa que a simplicidade raramente atraia muitas pessoas.

A simplicidade voluntária *é* uma resposta para muitos problemas pessoais, sociais e ambientais. Mas a simplicidade não é um fim em si mesmo. Temos que admirar a singeleza de uma vida vivida com simplicidade, assim como apreciamos um jardim de pedras zen ou uma precisa demonstração de matemática. Embora nenhum desses ajude a promover a simplicidade como tal. A simplicidade é um efeito colateral, ou uma pré-condição, de um trabalho que nos leva a valores mais profundos.

A vida das pessoas que adotam uma vida simples revela uma paixão por algum propósito mais profundo, e o poder, os bens e a confusão do dia-a-dia agitado representam distrações a esse objetivo. Da mesma forma que um homem apaixonado reserva um tempo para passar com a amada, os amantes da simplicidade livram a própria vida de tudo o que possa consumir sua energia ou que possa obstruir o percurso para que possam atingir seus objetivos mais elevados. Para Jesus, era a proclamação do reinado de seu Pai; para Sócrates, a busca da Verdade; para Thoreau, autoconfiança e comunhão espiritual com sua amada Nova Inglaterra; para Buda, a libertação do ser. Apesar de muitos de nós desfrutarmos de companhias bem menos ilustres, ainda temos consciência do prazer que é estar com nossos filhos e cônjuge, apreciar uma obra de arte, receber uma oferta de trabalho ou fazer contribuições que desejamos à nossa comunidade, o que não deixa espaço em nossa vida para excesso de bagagem.

E aqui encontramos o demônio do vício do consumo: *aquilo que nos tira a atenção do que há de melhor em nossa vida*. A simplicidade voluntária não nos traz nada que não seja ela mesma, mas ela abre um espaço dentro do qual podemos redescobrir e honrar nossos sentimentos mais elevados. Deve ser por isso que escolhemos a simplicidade pessoal, pelos benefícios que traz ao mundo e às outras pessoas. E esses benefícios também devem trazer satisfação para nós.

Assim, para muitas pessoas, o caminho para a simplicidade não será encontrado por meio da culpa com relação àquilo que possuem. A rota mais certeira é lembrar das ocasiões em que sentimos a mais intensa alegria e satisfação em nossa condição humana. Esses momentos ainda serão possíveis no futuro. Finalmente, ao nos apaixonarmos por aquilo que realmente vale a pena, achamos coragem para dispensar qualquer coisa que nos leve a esquecer essas lembranças e nos faça voltar a dormir. Simplificamos em parte apenas para compensar a culpa que sentimos pelo consumo em excesso. O mais importante é que nos livramos da vida caótica assim como tiramos nossas roupas para estar com a pessoa amada, para ficar bem perto, unir-se, fundir-se e alegrar-se.

A simplicidade não é pré-requisito para se encontrar o sentido da vida; é um *co*-requisito. A simplicidade traz a consciência, e a consciência nos traz paz e deleite. Quanto mais encontramos paz e deleite na simplicidade, mais completamente a abraçamos. A simplicidade, a consciência e a paz crescem juntas e gradualmente, como co-requisitos de um modelo de autofortalecimento. Quanto mais nós as escolhermos e elas coexistirem, menos espaços livres restarão em nossa vida para a hiperatividade impensada. A simplicidade voluntária é boa porque torna possível a devoção atenta àquelas experiências que definem nossa mais completa humanidade, em vez de atribuir um valor excessivo a alguém mais. Apenas uma vida simples pode estar conscientemente concentrada em sua arte – qualquer que seja essa "arte". Só uma vida simples é livre de distrações o bastante para enfocar em profundidade seus objetivos sagrados, sem pressa nem desvio. Apenas uma vida simples pode proporcionar a riqueza interior.

A simplicidade voluntária pode ser, também, um *ato de enriquecimento* próprio. Nessa vida simples, desviamos a atenção dos nossos envolvimentos com as coisas e a voltamos para nós mesmos, para os outros e para a ecosfera. Um dos frutos de levarmos uma vida simples é que temos mais tempo. Mas, logicamente, não estamos aqui meramente para vegetar! Queremos usar o tempo para alguma coisa. Encontramos a diferença entre a simplicidade e o consumismo precisamente neste ponto: tendo mais tempo, como poderei usá-lo? A sociedade moderna praticamente não nos permite encarar essa questão, pois a maior parte do nosso tempo é ocupado pela demanda inerente a um modo de vida orientado para um tipo de consumo em que reina o desperdício. Muitas pessoas têm dificuldade para planejar as férias se estão sem dinheiro. De fato, nós economizamos o ano inteiro para que as férias sejam ocasiões especiais para uma explosão de consumo!

Decidir conscientemente como preencher o tempo é algo que normalmente está ligado a crises pessoais, como desemprego, terminar o curso superior e procurar o primeiro emprego, aposentadoria, planejar as férias, ou então uma mudança de rumo na vida que não tenha sido prevista, como alguma doença, por exemplo, e que impõe a necessida-

34 Simplicidade

de de reestruturação radical no uso do tempo. Levar uma vida simples implica tomar decisões conscientes sobre como devemos aproveitar cada vez mais nosso tempo e orientar nossas atividades em função de objetivos que nos dêem mais satisfação e tenham mais significado. Os exercícios da segunda parte deste livro são planejados para ajudar nesse processo.

Há mais ou menos um ano, decidi começar a aprender Tai-chi. Passei por todas aquelas dúvidas costumeiras, perguntando a mim mesmo se eu, na meia-idade, seria capaz de aprender uma arte marcial, se eu conseguiria ao menos me lembrar de todos os movimentos da seqüência, se eu teria autodisciplina para continuar por tempo bastante para aprender. Por outro lado, eu adorava assistir Tai-chi e admirava quem conseguia fazê-lo. Para mim, ele incorporava um pouco da graça e do erotismo do balé, a espiritualidade da prática taoísta meditativa e a "sombra" representada pela sua natureza letal, que é uma das características inerentes a qualquer tipo de arte marcial.

A prática de Tai-chi absorveu-me completamente. É extraordinário como algo aparentemente tão simples continue revelando complexidades e sutilezas que eu nunca conseguiria descobrir apenas olhando alguém praticá-lo. É tão *intrinsecamente* prazeroso que eu quero fazê-lo mais e mais vezes. Quando eu estava aprendendo a seqüência, eu revia mentalmente os movimentos, mesmo quando não os estava praticando com meu corpo. Uma noite, acordei por estar fazendo o movimento "asas de garça" durante o sono! O Tai-chi tinha um gostinho de "ilha" e renovou a questão na minha mente: por que coisas como essas, os esteios da vida, são marginalizadas pela nossa cultura?

O Tai-chi continua revelando benefícios e graus de transformação interior à medida que eu persisto em sua prática. Mas a lição mais importante para mim foi perceber que, enquanto eu ia avançando nos passos da seqüência, nada estava sendo consumido ou possuído. Eu era nada, estava indo para o nada, formando nada nos espaços e vazios, nas expansões e contrações, nas concavidades e dinamismos do Tai-chi. O Tai-chi é invisível até começar a movimentar o corpo de alguém. Ele não causa danos à ecosfera. Não oprime ninguém. Você não pode se apropriar do Tai-chi. Você não precisa de nenhum equipamento extravagante ou de uma roupa especial para praticar o Tai-chi. E, enquanto você o pratica, ele inunda os sentidos e a consciência com introvisões e conhecimentos sutis, que em grande parte não podem ser descritos com palavras. Agora, nenhum dia é completo sem que eu faça pelo menos uma seqüência de Tai-chi.

Aprender Tai-chi foi uma forma de enriquecimento próprio. Ultimamente, estou dando um passo à frente e começando a ensinar outras pessoas aquilo que aprendi para, eu espero assim, enriquecer a vida delas. A minha prática de simplicidade é tão fraca e inconsistente quanto a de qualquer um, mas vejo que, se eu aprofundar essa prática em minha vida, poderei ter mais tempo e energia para estudar mais o Tai-chi e disciplinas afins.

Para concluir, eu diria que, para muitas pessoas, a simplicidade voluntária pode ser um *ato de consistência moral*.

Muitas das pessoas que vão ler esse livro provavelmente não estão direta ou pessoalmente envolvidas com a opressão sofrida pelos trabalhadores que vivem nos países em desenvolvimento, sob ditaduras militares, ou submetidas à prática de trabalhos pesados ou ligadas a grandes destruições ecológicas. Mas um dos paradoxos dos séculos XIX e XX é a descon-

36 Simplicidade

tinuidade entre nossos códigos morais pessoais e o *mal inerente ao sistema*, que brota dos padrões coletivos de ação e omissão. Posso não ser pessoalmente responsável por prender, torturar, executar ou explorar outras pessoas, embora eu faça parte de sistemas econômicos e políticos que fazem essas coisas e indiretamente os apóie.

Enquanto nossa responsabilidade individual para modificar sistemas opressores está muito clara, o *poder* para agir é fortemente determinado pelas posições de autoridade formal que ocupamos dentro de tais sistemas. Não é preciso dizer que, para aqueles que não ocupam posições de poder, o raio de ação pessoal é medido pelas escolhas que fazem em relação a assuntos pessoais inerentes ao modo de vida.

Eu poderia lembrar que muito do que se refere à opressão política e ecológica que ocorre atualmente no mundo está direta ou indiretamente ligado ao sistema econômico. Esse sistema distribui custos, benefícios e perdas de maneira extremamente injusta. Está basicamente direcionado para manter rígidas disparidades econômicas e sociais, enquanto tenta forçar a mente humana a aceitar a dependência e o consumismo como definições de uma "vida boa".

Entretanto, a ação pessoal voltada para a simplicidade voluntária encaixa-se bem dentro do grupo de medidas que mais aproxima nosso modo de agir a nosso jeito de pensar. A simplicidade voluntária concentra nossas energias especificamente em ações com menos potencial para explorar e oprimir. No modo de vida simples, a ênfase dada à autoconfiança e à ajuda à comunidade demonstra que necessidades pessoais básicas podem ser preenchidas junto aos nossos lares, em solidariedade com amigos e vizinhos. Isso, por sua vez, implica que *o modo* de satisfazermos nossas necessidades vai estar mais intimamente ligado a nossas esferas de ação e responsabilidade pessoal, em que *temos* o poder de agir com consistência moral. Além disso, ao recusarmos até mesmo nossa participação e apoio indiretos ao sistema econômico dominante, fazemos um pouco mais para enfraquecer seu poder de projetar esse mal sistêmico em qualquer lugar do mundo.

Vamos, agora, passar das razões pessoais que nos levam a adotar a simplicidade para todas aquelas outras que estão relacionadas à vida em sociedade. A simplicidade voluntária pode ser um antídoto poderoso para a injustiça social e econômica.

Viver com simplicidade em benefício dos outros

Veja-nos trilhar o caminho do desperdício,
acumulando tudo ao nosso redor
em busca de uma proteção, uma garantia,
um prazer;
Opiatos para preencher o tempo;
pilhas de coisas que apodrecem
ou que se atravancam aos nossos pés
impedindo-nos de dançar.

O nosso tempo é marcado por extremas diferenças em matéria de bem-estar. Um quinto da população do planeta consome quatro quintos dos recursos existentes para sustentar estilos de vida milionários, enquanto a parte menos favorecida se veste com trapos, passa fome e adoece. Os extremos individuais de pobreza e riqueza são ainda mais pronunciados.

O caráter moralmente inaceitável dessa situação é reconhecido em quase toda a parte, e, ainda assim, nenhuma sociedade, incluindo as mais ricas, conseguiu, até agora, erradi-

38 Simplicidade

car a pobreza. Em muitos casos, o enriquecimento da minoria literalmente requer o empobrecimento involuntário da maioria, em função das centralizações, dos negócios injustos e da exploração ambiental exigida para que as riquezas cheguem aos já privilegiados.

Parte do motivo por que essa injustiça prevalece pode ser encontrada na abordagem que adotamos para compensar a pobreza. Quando um grupo tem mais e outro menos, há dois caminhos para que se atinja uma igualdade maior. A primeira é a abordagem que formou o esteio do pensamento econômico dos países do hemisfério norte: aqueles que possuem menos comprarão mais – e a teoria vai adiante –, se a economia conseguir crescer. O crescimento econômico é a solução proposta para se enfrentar a miséria.

Apesar de haver grande crescimento da economia mundial, há mais pobreza agora do que antigamente. O crescimento econômico tende a beneficiar aqueles que já se encontram em posições privilegiadas à custa dos pobres e da ecosfera. Embora o crescimento pareça fazer sentido na teoria, na prática o capital necessário para gerar crescimento é controlado por uma minoria, a qual colhe os frutos desse investimento. A riqueza global aumenta, mas sua distribuição torna-se ainda mais desigual. Além disso, é claro que há limites ecosféricos para a escala total das atividades econômicas.

Nesse contexto, a opção de se levar uma vida simples torna-se um *ato de compartilhar*. Compartilhar é a alternativa para crescer. Um cínico diria que a ênfase no crescimento imposta pelos economistas é apenas um modo de tentar evitar ou retardar o ato de dividir. Se a torta econômica foi feita para crescer, então eu não preciso dividir meu pedaço com mais ninguém. Nós podemos fazer seu pedaço ficar maior.

Compartilhar significa que, para você ter mais, eu tenho que ter menos. Se eu acho que o que eu *sou* é, na maioria das vezes, definido por aquilo que eu *tenho*, compartilhar é uma perspectiva ameaçadora. Se me proponho a dividir o que eu tenho, isso significa que estou "desistindo" do que eu *sou*. Compartilhar os bens materiais é, então, uma perda parcial ou total da identidade, do poder, do privilégio e do próprio ego.

Esse modo de se expressar enfatiza o absurdo beco sem saída que fomos capazes de criar. Como dez segundos de introspecção podem nos revelar, ter não é o mesmo que ser. Mas a economia de mercado nos ensina a associar consumo de bens e serviços a condições não-materiais de consciência e sentimento, fatores que realmente definem o ser. É necessário um considerável esforço de conscientização para conseguir desvincular ambos. O resultado é que a idéia de *possuir* menos, não importa o quanto a causa seja justa, nos faz *sentir* como se *fôssemos* menos.

A simplicidade nos oferece um caminho para redefinir o eu e nos livrar dessa preocupação. A escolha pela simplicidade apenas requer que, nos primeiros estágios da transição dos excessos para a simplicidade, se "renuncie" a algo para que se possa compartilhar. Nossas necessidades diminuem quando definimos nosso papel e nossa presença no mundo de outro modo que não seja por aquisições materiais. Dividir é difícil para os que já acham que têm muito e precisam abdicar de suas posses. Para aquele que tem pouco e não precisa de muito, há sempre abundância daquilo que é necessário e, nessa abundância, um ilimitado senso de segurança.

Como a simplicidade é a opção de se viver de uma maneira mais simples, menos complicada, ela dispensa o uso de recursos que podem, então, ser usados para ajudar a satisfazer as necessidades de outras pessoas. A não-utilização de coisas

40 Simplicidade

materiais é um modo indireto, mas extremamente eficaz, de se compartilhar. E ele está dentro da capacidade de todos nós. Ao viver com simplicidade material, também economizamos tempo e energia que, de outra maneira, seriam empregados na aquisição, manutenção e controle de bens. Assim, há liberdade para se ter prazer na vida, nas amizades e na busca de objetivos mais compensadores.

Os defensores do crescimento econômico dirão que esse argumento é ingênuo. Eles vão apontar para as sinergias nos desenvolvimentos tecnológico e econômico que visam ao crescimento. Irão argumentar que é precisamente por termos um sistema econômico voltado para o crescimento, e que encoraja os indivíduos a aumentarem seus ganhos pessoais, que descobertas têm sido feitas e que a economia global e o bem-estar social têm crescido. Algumas dessas mesmas pessoas dirão que o crescimento da produção de armamentos também é benéfico, pois a indústria de defesa tem sido responsável por diversas inovações técnicas que acabaram por ser aproveitadas na produção civil. Como se os seres humanos simplesmente perdessem a criatividade quando não são estimulados por ameaças de invasão ou pelo ardente desejo de auto-engrandecimento nacionalista!

Independentemente de a economia voltada para o crescimento ter adotado ou não sinergias que possibilitaram o progresso tecnológico, *de qualquer modo*, esse processo está atingindo, agora, os limites social e ecológico. Ingenuidade seria acreditar que, por causa dessa história de sinergia, o desenvolvimento tecnológico e o econômico ocorrem num recipiente lacrado que não pode ser afetado pelas dimensões sociais, culturais, ecológicas e espirituais da subsistência. Um exemplo recente desse princípio é o relatório da Royal Commission on Reproductive Technology, que recomendou algumas restri-

Por que adotar a simplicidade voluntária? **41**

ções ao desenvolvimento e à aplicação da tecnologia, baseando-se em considerações sociais, psicológicas e morais. Embora talvez ainda não sejamos capazes de identificar fatores limitadores *dentro* do processo de criatividade tecnológica, podemos, com certeza, definir alguns fatores que caracterizam o mundo vivo como um todo. Nosso sistema tecnológico e econômico não pode continuar produzindo desigualdades de poder e privilégios cada vez maiores, ou lacunas sempre crescentes entre a demanda de recursos e energia existentes, sem nenhuma consideração pela capacidade do planeta para suprir reservas e serviços ecológicos.

Da mesma forma, viver com simplicidade pode ser um *ato de desenvolvimento sustentável*. Tem havido muita discussão, confusa na maior parte das vezes, sobre o tema "desenvolvimento sustentável", que muitas vezes é livremente substituído por "crescimento econômico sustentável".

Crescimento significa expansão quantitativa em escala, tamanho ou número. Nações industrializadas e "desenvolvidas" do hemisfério norte não suportam mais nenhum crescimento, nem o planeta. Para que as diferentes culturas, de qualquer lugar do mundo, possam se manter por um tempo considerável, o crescimento precisa parar, e a busca pelo crescimento, no que se refere a riquezas, também.

Desenvolvimento relaciona-se a progresso qualitativo ou funcional. É, basicamente, um conceito de valor agregado. O desenvolvimento é claramente possível num sistema estável, mas que não vise ao crescimento.

A confusão entre crescimento e desenvolvimento gera um solo fértil para sofismas e manipulação. Aqueles que promovem o crescimento podem facilmente confundir e desacreditar as pessoas que questionam o crescimento como um bom

42 Simplicidade

meio para se alcançar o desenvolvimento. Eles fazem com que seus oponentes dêem a impressão de que estão contra o progresso e o desenvolvimento, quando questionam o valor do crescimento.

Um modo para se distinguir melhor crescimento de desenvolvimento é perceber que o desenvolvimento visa ao bem geral, de todas as espécies e de todos os participantes do processo de desenvolvimento. O crescimento, por outro lado, sempre envolve meios de "contrabalançar", ou seja, a busca do "equilíbrio", o que normalmente quer dizer que todos perdem alguma coisa, e que é preciso "quebrar ovos para se fazer uma omelete". Isso, em geral, significa degradação de ecossistemas.

O crescimento degrada ambientes e comunidades. O desenvolvimento, por sua vez, os propicia e enriquece pelo aumento em variedade, diversidade, integração funcional e interdependência, aprofundamento dos relacionamentos – mas tudo isso sem crescimento em escala, quantidade ou número.

A simplicidade voluntária tem tudo a ver com desenvolvimento sustentável. Isto é, está relacionada ao progresso qualitativo da humanidade a longo prazo, o que pode ser buscado indefinidamente.

A simplicidade, definitivamente, não tem nada a ver com crescimento, com crescimento econômico sustentável, com crescimento ambiental sustentável, com riqueza sustentável, ou com qualquer outra noção contraditória.

Se os motivos para se viver com mais simplicidade incluem os atos de compartilhar e de sustentar, Jorgen Lissner sugere que a simplicidade é um *ato de solidariedade* em comunidade. A escolha pessoal de levar uma vida simples nos coloca na companhia daqueles que não tiveram opção. Atos de solidariedade são expressões tanto de consciência política como de afirmação social. Essas expressões são particularmente significativas quando temos de fato a possibilidade de escolher. Viver de maneira simples em decorrência de uma infelicidade ou de circunstâncias de nascimento é suportar uma das faces mais sombrias do destino. Mas levar uma vida simples por uma questão de escolha é afirmar o valor não-material dos objetivos da vida e levar nosso calor e criatividade ao mundo de restrições e limitações que molda a vida das pessoas obrigadas a viver nessas circunstâncias. Se a vida é, de algum modo, uma questão de "tomar partido", e vários mentores espirituais concordam que sim, então a simplicidade como ato de solidariedade declara nossa decisão de ficar do lado das massas tal como elas são, em vez de optar pelos valores e modo de vida dos privilegiados.

Para concluir, a simplicidade, como um ato de solidariedade, declara aos menos afortunados que uma vida de riqueza material nem sempre nos dá aquilo que promete. Os melhores resultados dos projetos de desenvolvimento internacional não têm sido a transferência da tecnologia para o mundo em desenvolvimento, a erradicação de doenças, a diminuição do analfabetismo ou a estabilidade social e a justiça política. O grande sucesso dos esforços para o desenvolvimento internacional desde os anos 50 tem sido difundir amplamente a obsessão norte-americana de enriquecimento em toda e qualquer cultura à qual tenha tido acesso. Agora, não somente temos de conviver com o insustentável paradoxo de 20% da população mundial produzir 80% do total de desperdícios e de destruição ecológica, como temos 80% do resto da humanidade clamando para viver do mesmo jeito. A escolha pela simplicidade demonstra, por exemplo, que nem todos os norte-americanos estão preparados para admirar as roupas novas do imperador.

Concordo com Lissner quando ele afirma que a simplicidade como ato de solidariedade também pode ser *provocativa*, dando margem a que se discutam os valores que norteiam o desenvolvimento de nossa sociedade e de nossas famílias; pode ser *esperançosa* com relação ao dia em que a maioria das pessoas privadas da abundância irão reclamar a porção que lhes cabe dos recursos da Terra; e um ato em *defesa* de uma ordem econômica e social que seja mais igualitária e benéfica para todos.

A simplicidade voluntária é também um *exercício de poder aquisitivo*. Vivemos pagando conta atrás de conta sem nunca prestar atenção no considerável poder financeiro que exercemos como indivíduos. Considere que uma pessoa, empregada há 40 anos, com uma renda média de aproximadamente 40.000 dólares por ano, estará tomando decisões diárias nesse período que envolvem 1,6 milhão. Algumas pessoas que optarem pelo modo de vida simples trocarão renda por tempo. Outras encontrarão oportunidades em suas carreiras para fazer contribuições significativas para serviços assistenciais, mas desviarão parte de sua renda para fins não-materiais.

Qualquer que seja a renda adquirida, ela precisa ser gasta de alguma maneira. O modo como ela é gasta exerce um efeito profundo na configuração da economia e da sociedade. Por todas as suas falhas e injustiças, nossa economia é profundamente sensível à demanda de mercado ou à falta dela. Quando cessa a procura de um produto ou serviço, eles desaparecem por si próprios. Grandes progressos têm sido feitos na técnica de criar falsas demandas por produtos e serviços que não apresentam nenhuma relação com as necessidades básicas humanas, ou necessidades que poderiam ser supridas de uma forma muito mais direta. O sucesso da economia de mercado e seus efeitos ditatoriais no espírito dos norte-americanos podem ser notados na freqüência com que o ato de fazer compras substitui a vida social: é *o* maior antídoto para o tédio, um modo significativo de expressar poder e controle, uma importante oportunidade para a socialização e para receber estímulos sensoriais, e o que se consegue com isso são grandes substitutos para a auto-estima.

A escolha pela simplicidade implica fazer decisões levando-se em consideração como iremos dispor de nossa renda pessoal por meio de aquisições ou, se for o caso, como nos abster de adquirir certos bens e serviços. Alguns princípios gerais que devem ajudar a tomar esse tipo de decisão foram sugeridos pelo Simple Living Collective de San Francisco. Esses princípios são apresentados na seção *Explorações* deste livro, mas são reproduzidos para relacionar nossas decisões de compras diretamente às necessidades básicas e atividades que acentuam nossa independência e que diminuem a opressão social e internacional.

Menos óbvia, talvez, é a idéia de que a simplicidade voluntária possa ser considerada um *ato de não-violência*. Na maior parte do tempo, não estamos conscientes de que o direito à propriedade é sustentado pela violência, que é apenas tenuemente encoberta pelo tempo e pela distância. No que se refere ao plano físico, a produção de qualquer objeto material freqüentemente requer o ato de cortar, afiar, rasgar, ordenhar, desmembrar, extirpar, amassar, aquecer, congelar, etc., alguma coisa viva ou outrora viva. O que fazemos é literalmente construído a partir de cadáveres de outros seres. Meu objetivo não é sentimentalizar essa violência, porque é um tipo de violência inerente a todas as coisas vivas que contam com outras para se manterem vivas. Apenas quero salientar que, no plano físico, a decisão de alguém de aumentar seus bens necessariamente exige o aumento desse tipo de violência.

46 Simplicidade

Igualmente importante, entretanto, é perceber que a ilusão de posse leva à violência entre as pessoas. De fato, ninguém possui realmente nada. Nós viemos ao mundo nus, e assim sairemos dele. Durante nosso breve período de arrendamento aqui, podemos tentar reclamar nosso direito mais ou menos *exclusivo* de usar certas coisas, aproveitar seu domínio, e delas dispor como nos convier, mas nós, na verdade, não as possuímos. Assim, possuir, ter, ser dono, são apenas palavras que descrevem uma ordem de arranjos sociais que dão o direito de uso e disponibilidade para alguns indivíduos em detrimento de outros. Esses arranjos nem sempre são satisfatórios para todas as partes da sociedade e, então, a *imposição* de direitos exclusivos de uso e disponibilidade passa a envolver o poder coercitivo, isto é, a violência – do Estado, por exemplo. A ameaça implícita de violência ou o seu emprego real é, assim, a força social que sustenta a propriedade. Tentar "possuir" alguma coisa é participar, mais ou menos, desse sistema. Quanto mais eu quero ter, mais eu participo.

Isso é evidente em qualquer lugar. Existe uma tumultuada relação direta entre riqueza material crescente e sistemas de segurança. Quanto maior a casa, maior é o terreno, quanto maior o edifício de escritórios, mais vemos câmeras de vigilância, cercas, alarmes, cachorros e armas. Onde há muita riqueza, os instrumentos da violência e as evidências do medo estão bem escondidos e "maquiados" no meio da paisagem, mas uma única transgressão, não importa o quanto seja inocente, pode trazer tudo isso à tona.

Reconhecemos ainda um significado mais profundo de "propriedade". Embora seja verdade que o poder coercitivo do Estado impõe os "direitos" de propriedade, muitas pessoas sérias vêem uma base para esse direito que é intrínseco à natureza humana. Assim, se eu, por meu empenho e ingenuida-

Por que adotar a simplicidade voluntária? **47**

de, transformar algumas árvores em tábuas e as tábuas em uma casa, meu direito de reclamar a posse exclusiva sobre ela deriva de meu trabalho e criatividade. Não tivesse eu aplicado meu talento e a casa não existiria. Desde que ela existe por meio de minha atividade construtiva, é considerada minha propriedade. Alguns argumentariam que é essa relação entre um ser humano e os frutos de seu trabalho que constitui a propriedade e que autorizamos o Estado a proteger.

Mas, mesmo nesse caso, reclamar a "posse" daquilo que fizemos é um argumento muito fraco. Isso coloca o trabalhador no mesmo patamar que o Ser Divino, como se fizéssemos as coisas a partir do nada. Mais uma vez, o que realmente fazemos é reclamar direitos de usuário temporário sobre bens que nos foram emprestados por outro, este sim o verdadeiro mistério criativo. Quem sabe, *realmente*, como é que a árvore cresce? Quem pode fazê-la crescer além do que a natureza estabeleceu, ou fazê-la crescer até certo ponto e não passar daí? E de onde vem nossa inspiração, nossa criatividade, nossa capacidade para resolver problemas e fazer novos planos? Não somos, na verdade, *recipientes* de materiais misteriosos, misteriosas capacidades e poderes maravilhosos? Não é verdade que apenas *rearranjamos* elementos da criação que não fizemos nem deixamos de fazer?

A partir desse ponto de vista, devemos pensar duas vezes antes de gritar "É meu!" Ao optar pela simplicidade, ampliamos nossa percepção ao apreciar a vida como uma dádiva e não como uma realização pessoal. Consideramos a propriedade como uma convenção humana nascida do medo e da violência, medo de que nos falte algo de que possamos precisar e violência para garantir a satisfação dessa necessidade, o que não tem embasamento cósmico. Ficamos, então, menos propensos a aprovar o uso da violência contra os outros para proteger "direitos" que não têm fundamento.

48 Simplicidade

Intimamente relacionada à capacidade do Estado de exercer violência coercitiva para manter direitos de propriedade está a extensão dessa violência para fazer a guerra. Com a dissolução da União Soviética e o afrouxamento das tensões entre Leste e Oeste, o fôlego do movimento pela paz pós-Segunda Guerra praticamente se esgotou, embora a guerra, ou sua iminência, ainda continue sendo a grande preocupação de muitos países. O conflito no Golfo Pérsico demonstrou que as formas de guerra convencionais são tão destrutivas para a humanidade e para a ecologia quanto seria uma guerra nuclear. O exemplo do Golfo Pérsico é particularmente apropriado nesta discussão acerca da simplicidade voluntária, pois o maior motivo para o envolvimento dos Estados Unidos nesse conflito foi a tentativa de garantir a estabilidade do preço do petróleo.

Enquanto a maioria dos conflitos em todo o mundo são batalhas locais ou regionais relacionadas a objetivos nacionalistas entre os países envolvidos, os conflitos que envolvem norte-americanos têm sido, invariavelmente, ligados à proteção de seus interesses econômicos. O estilo de vida baseado no consumo e na abundância, que é fortemente incentivado em nossa sociedade, contribui diretamente para esses empreendimentos militares.

Além do mais, as pesquisas e o desenvolvimento de atividades voltadas para fins militares ainda predominam nas instituições científicas e tecnológicas. Enquanto os gastos militares ainda consomem uma grande quantidade de riquezas e recursos todos os anos, a produção, o uso e o descarte desses equipamentos não favorecem a vida.

Saber se o armamento ainda é necessário ou não no mundo de hoje cada vez mais interdependente é uma questão que, provavelmente, ainda vai gerar muitos debates. O que está

Por que adotar a simplicidade voluntária? **49**

claro, entretanto, é que os níveis de produção e gastos militares são insustentáveis. Além disso, à medida que as pessoas começam a optar por uma vida simples e os recursos globais e o ritmo da nossa economia forem sendo reduzidos, a motivação para o superdesenvolvimento militar se reduzirá também. Enquanto as instituições militares não puderem desaparecer por completo, elas deveriam, para o bem de todos, ser reduzidas a réplicas residuais dos monstros que ainda permanecem tão presentes entre nós.

O militarismo é um assunto global que teve origem no sistema. A decisão individual de levar uma vida mais simples logicamente não irá reverter a tendência à militarização de economias e sociedades. Mas, como já foi mencionado antes, as decisões individuais ganham mais peso quando muitas pessoas tomam decisões parecidas. Assim, outro grande motivo para viver com simplicidade é a esperança de que, ao fazer as mesmas escolhas, seremos capazes de, quem sabe, gerar impulso social suficiente tanto para mudanças individuais quanto no sistema.

Se essa transição ocorrer, as oportunidades para que povos de outros países e regiões se tornem cada vez mais autônomos em seu desenvolvimento cresceriam imensamente. O dinheiro e os recursos que agora são destinados para a compra de armas e para a defesa ficariam disponíveis para o desenvolvimento local. Economias construídas sobre os gastos com armas poderiam também ser aplicadas na expansão do nosso conhecimento e apreciação do universo, na exploração e colonização do espaço e na diminuição da miséria humana.

Eu gostaria agora de apresentar algumas razões para se levar uma vida simples no que se refere ao nosso espaço com relação à ecosfera.

50 Simplicidade

Viver com simplicidade em benefício do planeta

No verão de 1989, as pradarias do Canadá sufocaram numa bolha de aridez. O índice pluviométrico tinha sido muito baixo nos anos anteriores. Os lençóis freáticos haviam baixado substancialmente. O rio Assiniboine, cujo curso atravessa a comunidade onde eu vivia, parecia uma vala lamacenta, com um desconcertante filete de água correndo lentamente pelo seu leito.

Certa tarde de julho, eu estava voltando para o trabalho, depois do almoço. Ventava e a temperatura estava a uns 35 graus. Toda a grama da cidade havia ficado marrom e o roçar das folhas das árvores era um silvo ameaçador. O vento parecia saído de uma fornalha de fundição e, quando se pôs, o sol não transmitiu aquela sensação cálida e agradável que fazia parte da minha infância, mas mergulhou com a ferocidade de um maçarico. A poeira começou a encobrir o ar por toda parte, a empastar carros, edifícios e pessoas. O ar, assombrosamente areento, impregnava minha garganta e lixava a pele do meu rosto.

Embora a situação parecesse tão assustadora, fiquei totalmente absorto nas sensações dos elementos que turbilhonavam à minha volta. Por um instante, tive a impressão de que toda a Terra tinha se voltado contra mim – contra nós. Como uma criança em relação à própria mãe, às vezes eu achava que ela estava sendo desagradável, embora eu nunca tivesse questionado seu amor por mim. Mas, nesse dia de julho, algo estava diferente. Comecei a imaginar se não seria o início de um superaquecimento global, ou se as coisas não seriam daquele jeito quando isso de fato acontecesse. Como qualquer pessoa do século XX, eu provavelmente carregava dentro de mim alguns presságios sombrios com relação a acontecimentos como esse, mas também, como qualquer um, eu os mantinha seguramente camuflados sob o peso de camadas e camadas de rotina, ignorância intencional e aquilo que o monge trapista Thomas Merton chamou de "euforia e exaltação". Nesse dia, entretanto, esses fenômenos climáticos desbarataram minhas fugas psicológicas. Experimentei, *no meu próprio corpo*, uma premonição do que aconteceria conosco se o nosso planeta mudasse a ponto de tornar a vida humana difícil ou insustentável.

Evidentemente, eu não personifico a natureza e, portanto, não acho que ela possa ter rancor e desejos de vingança contra a humanidade. Quando percebi naquele momento uma ecosfera que se apresentava mais hostil do que acolhedora, o que realmente senti foi uma projeção psicológica da minha própria culpa por provocar danos ambientais. Essa é uma espécie de sentimento muito antigo, a sensação de que os "deuses" estão enraivecidos pelas transgressões humanas ou por sua ambição. Eu experimentava um sentimento arquetípico. De uma certa forma, meu inconsciente estava dizendo: "Preste atenção, se continuar a viver da maneira como está vivendo, você vai merecer a cólera ensandecida da natureza. E isso é apenas justiça; causa e efeito; fruto dos pecados cometidos. Não é nada pessoal e, ao mesmo tempo, é muito pessoal. As coisas acontecem dessa forma. Abra os olhos ou você estará arruinado."

Os seres humanos só sobrevivem porque consomem outras criaturas para se alimentar, se vestir e se proteger. Modificamos o mundo natural, dando uma nova forma a seus materiais, suas espécies e paisagens, para que sirvam às nossas necessidades. Essa é uma exigência inevitável do nosso ser. Desenvolvemos a cultura e a tecnologia para nos ajudarem a progredir no mundo, em vez de passar por uma mudança física. Essa capacidade nos permite habitar praticamente qualquer biorregião da Terra.

Simplicidade

Mas exploramos a ecosfera não apenas por aquilo de que *necessitamos*, mas também pelo que *queremos*. Nossas necessidades aumentam proporcionalmente ao nosso número. E, à medida que nossos desejos aumentam, cresce da mesma forma nossa exploração da biosfera. Nosso sistema econômico agora não só fabrica produtos para satisfazer nossos desejos como também fabrica desejos para seus produtos. Por mais paradoxal que isso pareça, nosso sistema econômico não trabalha mais para satisfazer os anseios humanos e trazer satisfação; em vez disso, ele se esforça para duplicar as necessidades e a insatisfação. Somente pessoas infelizes e insatisfeitas consomem mais do que necessitam.

Não parece que qualquer tecnologia futura vá reverter essas relações: quanto mais pessoas e quanto maiores os anseios, maior o impacto sobre a ecosfera. Essas relações provavelmente não são lineares, mas permanecerão sempre diretas e positivas. Não temos muitas escolhas nessa questão.

Não há dúvida de que precisamos explorar a ecosfera até *certo* ponto mas, até *que* ponto exatamente devemos fazer isso é uma questão de escolha.

Historicamente, o impacto que causamos à biosfera a tem degradado. Quando éramos poucos, a tecnologia era simples e a visão de mundo, animista, ocupávamos certas regiões por um longo período. Mesmo no caso das sociedades que se uniam em torno da caça, os danos infligidos à Terra eram restritos à sua capacidade de recuperação. A questão é que, mesmo nas sociedades cujo valor prevalecente não é o da acumulação pessoal, as atividades humanas, em maior ou menor grau, sempre reduzem a diversidade biológica, degradam o solo, reduzem a cobertura florestal e deixam atrás de si um rastro de lixo.

No momento em que a população é grande, a tecnologia é complexa e poderosa e a visão de mundo é materialista, o impacto sobre a ecosfera é catastrófico.

Em face da emergência ambiental do final do século XX, estamos sendo encorajados a "Reduzir, Reutilizar, Reciclar e Recuperar", com maior ênfase na reciclagem. A reciclagem é bem-vista porque promete o consumo sem culpa. Ela permite que a máquina do mercado livre continue a operar apenas com pequenos ajustes em seus ciclos de entrada e saída. A reciclagem nunca exige que deixemos de fazer alguma coisa, apenas que devemos fazer a mesma coisa de outra forma.

Mas até que alguém descubra um meio de contrariar as leis da física, a reciclagem irá reduzir mas nunca eliminar a degradação do meio ambiente. É possível, entretanto, minimizar o grau e a extensão da degradação, e isso se consegue com o "primeiro R", aquele que recebe menos atenção. Toda vez que reduzimos a demanda de recursos e energia, evitamos a poluição e o consumo de recursos.

Essa meta pode ser abordada de duas formas, sendo que ambas podem ser postas em prática ao mesmo tempo. Primeiro, podemos reduzir a demanda por recursos *reduzindo o desperdício*. A redução do desperdício dá ênfase à eficiência sem contestar os objetivos. Vivemos do mesmo jeito, valorizamos as mesmas coisas, perseguimos as mesmas metas, mas usamos métodos e tecnologias que reduzem o desperdício de energia e de recursos. Essa é a abordagem dos conservacionistas para proteger o meio ambiente e administrar os recursos. É também, basicamente, a abordagem defendida pelo "desenvolvimento sustentável".

Uma outra forma de reduzir a demanda é *reduzir o consumo* de maneira categórica. Isso implica uma revisão dos objetivos básicos, de como usamos nosso tempo, nossos talentos e tesouros, e o papel convencionado para o consumo material como meio para se alcançar prazer, saúde, auto-estima ou popularidade. À medida que passarmos a viver simplesmente, passaremos, também, a conservar o planeta que é nosso lar.

54   Simplicidade

Evidentemente, o desperdício e o consumo podem ser reduzidos ao mesmo tempo. Podemos reavaliar nossas metas continuamente, ao mesmo tempo que tentamos atingi-las com o menor desperdício possível. A escolha da simplicidade voluntária torna-se, assim, a mais direta, pessoal e poderosa *ação individual para conservar a ecosfera e todas as suas criaturas.*

Mesmo se encararmos a questão de uma perspectiva egoísta, ao adotar a simplicidade e a conservação está-se praticando *uma ação para melhorar nossa qualidade de vida* no presente ao garantir um meio ambiente mais saudável. Seres humanos não prosperam em um meio ambiente degradado. Ao nos decidirmos pela simplicidade, optamos por cuidar não só da natureza, mas, ao cuidar dela, cuidar também de nós mesmos.

Conseqüentemente, a simplicidade inverte a máxima da sociedade consumista, que diz que o consumo define a qualidade de vida. Em vez disso, sustentamos que somos ricos proporcionalmente às coisas que podemos passar sem. Como praticantes da simplicidade, respondemos à pergunta "O que meus netos já fizeram por mim?" da seguinte forma: "Cuidar do mundo que meus netos herdarão é uma outra forma de tomar conta de mim mesmo". E, ao desafio "No final, estaremos todos mortos", poderíamos responder: "Não, no final, estaremos todos interligados".

Naturalmente, vamos querer nos assegurar de que mesmo as coisas que decidirmos obter, tanto quanto aquelas das quais precisamos, serão feitas com a menor degradação possível da ecosfera. O grande desafio para a criatividade humana será o desenvolvimento de tecnologias mais eficientes e benignas, que possam ir ao encontro das necessidades e aspirações humanas. Esse desafio nunca terá fim, mas a escolha pela simplicidade é o reconhecimento de que somente uma parte limitada de nosso potencial humano pode ser realizada com a posse e o consumo de coisas materiais.

Se a simplicidade voluntária algum dia for amplamente adotada, isso implicará uma economia mais simples e um direcionamento diferente para o desenvolvimento tecnológico. Não implica necessariamente pobreza e tecnologia primitiva. A atividade econômica estaria mais preocupada em satisfazer as necessidades humanas mais essenciais, de maneira mais direta e eficiente. O desenvolvimento tecnológico estaria direcionado não para a geração de valores materiais, mas para criar *sabedoria* e *bem-estar*. E não haveria, é claro, nenhum lugar para as tecnologias voltadas para a guerra, para a opressão de outros povos, ou para exploração do planeta por interesse próprio e para ganho pessoal.

Eu poderia sugerir, então, que a simplicidade voluntária é o caminho mais imediato e direto para que as pessoas reduzam o desperdício; diminuam a demanda por energia e recursos; conservem o hábitat e as espécies; garantam a qualidade do ar, do solo e dos recursos hídricos; e ajudem a manter as reservas de recursos naturais do planeta para as gerações futuras e para os seres humanos que hoje estão em desvantagem econômica.

Viver com simplicidade e com mais profundidade

Até este ponto, examinamos muitos motivos para optar pela simplicidade. Alguns talvez sejam óbvios e já tenham sido mencionados por outros autores, e outros talvez sejam menos evidentes ou não tenham sido tão bem examinados. Em muitas ocasiões, sugeri que adotar a simplicidade exige uma mudança no foco de atenção e, com freqüência, uma mudança nos "interesses prediletos", se é que podemos usar tal expressão, que deveria passar da preocupação com os aspectos físicos, materiais e consumistas da vida para "outros objetivos", sem realmente explicar muito bem o que poderiam ser esses outros objetivos.

A simplicidade está ligada muitas vezes ao desenvolvimento espiritual. Isso acontece porque o crescimento espiritual da personalidade exige tal unidade de propósito, concentração, dedicação e firmeza de resolução que expressões monásticas de espiritualidade deixam pouco espaço para o materialismo ou para as complexidades de uma orientação "mundana" com relação à vida. Em algumas tradições espirituais dualistas, o fato de manter ligações psicológicas, emocionais ou físicas a bens materiais ou abrigar desejos de acumulá-los está associado ao pecado, ao mal, ou, na melhor das hipóteses, à ignorância quanto à natureza do mundo e de como essas ligações poderiam impedir o desenvolvimento espiritual.

Embora esses argumentos possam ser verdadeiros e válidos, eles já receberam um tratamento muito mais lúcido e eloqüente por parte de escritores que me antecederam e de tal forma que eu jamais almejaria fazer neste livro. Não quero tratar a dimensão espiritual da simplicidade puramente como um chamado ao ascetismo religioso ou à austeridade, embora para alguns isso possa ser muito recompensador.

Em vez disso, eu sugeriria que a escolha pela simplicidade é antes de tudo um *ato de redirecionamento da atenção, que passa do aspecto quantitativo das coisas para seu aspecto qualitativo.* Sem deixar de lado, de forma alguma, o prazer dos sentidos e o envolvimento com os aspectos físicos e materiais do universo, ainda assim podemos mudar a maneira *como* nos posicionamos diante disso.

A abordagem consumista é aquela que focaliza a atenção nos aspectos exteriores da vida, no número e na quantidade de

Por que adotar a simplicidade voluntária? **57**

bens possuídos ou consumidos e na extensão ou variedade de posses ou propriedades acumuladas. Ter mais é ser mais. Ter opções, ter acumulado e controlado o máximo ou o mais amplo ou o mais alto grau de qualquer coisa que estivermos usando no momento define o bem-estar.

A simplicidade, entretanto, é a escolha de redirecionar a atenção para *a qualidade e a profundidade* das nossas relações com as coisas, em vez de nos concentrarmos em seu número ou extensão. Não abolimos a aquisição e a posse de bens materiais, mas procuramos ficar mais conscientes da *razão* por que nos decidimos a possuir alguma coisa, da *extensão* de sua utilidade, da *medida* em que poderemos aproveitá-la e dos *efeitos* que produz em nossa vida. Possuir a maior coleção de violões do mundo é uma forma de definir bem-estar. Ter o violão no qual aprendemos a tocar com muita sensibilidade e virtuosismo é outra forma de definir bem-estar – aquela que acentua o aspecto qualitativo de nosso relacionamento com o instrumento. A opção de viver com simplicidade é, cada vez mais, dar atenção aos aspectos qualitativos da existência.

Alguns anos atrás, fui acometido de uma grave pneumonia. Conforme a febre aumentava, eu perdia o apetite e até mesmo parte da consciência. Passei muitos dias num estado permanentemente febril, quase sem comer ou beber. A combinação do jejum e da febre fez com que alguns estranhos "estados alterados" de consciência começassem a afetar tanto meu sono quanto os momentos em que estava acordado. Depois de seis dias, ficou evidente que eu estava muito doente e eu, finalmente, fui procurar um médico. Depois de ouvir um sermão e comprar um vidro de antibióticos, voltei para a cama, decidido a me forçar a tomar líquidos junto com a medicação.

58 Simplicidade

Enchi um copo com suco de maçã bem fresquinho e levei-o para o quarto. Fui tomando uns golinhos do suco, bem lentamente, e fiquei impressionado com o sabor da bebida, comparável à qualidade de um bom vinho. Era delicioso e refrescante! Como eu tinha deixado de aproveitar esse prazer tantas vezes? Certamente, esse era o mesmo suco de que eu sempre gostara, mas o que estava diferente dessa vez? Era *eu*, claro. Eu estava prestando atenção ao suco. Não tinha outro lugar para ir, nada mais para pensar e um paladar limpo por cinco dias de jejum. A questão era que o suco de maçã deveria ter tido sempre essas qualidades deliciosas, mas só naquele momento eu prestara atenção a elas – uma atenção cuidadosa e profunda. A *qualidade* do ato de beber o suco era agora mais importante do que a experiência quantitativa de simplesmente matar a sede. Naquele instante, doente como eu estava, fiquei imaginando por que essa atenção cuidadosa não poderia se espalhar por todas as experiências da vida.

A decisão de viver uma vida simples representa uma outra mudança para muitas pessoas: a transição da devoção aos aspectos exteriores, físicos, materiais e objetivos da nossa vida *para o lado interior psicoemocional, não-material e subjetivo de se viver*. Esse é um resultado lógico de se dar menos tempo e atenção às confusões e complicações que acontecem quando se é dono de muitos "brinquedos". À medida que preencho meu tempo ganhando, economizando, comprando, limpando, mantendo, descartando, repondo, manejando e consertando muitas "coisas", sobra menos energia para cuidar das questões subjetivas, intuitivas, emocionais, estéticas, culturais, sociais, interpessoais ou do imaginário. Tenho também menos recursos à minha disposição para meu desenvolvimento cultural e pessoal não-material. Na seção *Explorações*, sugerimos exercícios para explorar as "Utilidades do Nada" e para desenvolver a consciência completa das imensas riquezas da personalidade, da espiritualidade e dos contatos sociais humanos, à parte da criação e da posse de objetos físicos. Ao defender a simplicidade, não estou sugerindo que nos voltemos só para o nosso interior do mesmo modo que muitas pessoas voltaram-se apenas para o aspecto exterior. Duane Elgin argumentou veementemente, e com muita propriedade a meu ver, que a simplicidade voluntária é uma espécie de equilíbrio bem balanceado entre o desenvolvimento interior e exterior e a atividade. Eu levaria essa questão um pouco mais longe e diria que a simplicidade voluntária trata do desenvolvimento integrado e holístico de todos os aspectos de nossa personalidade, das nossas relações com os outros e com a biosfera. As modernas sociedades industriais adotam uma abordagem "ou isto ou aquilo" para o desenvolvimento e dão preferência ao domínio técnico e científico em prejuízo dos sistemas físicos da natureza para satisfazer as necessidades físicas dos seres humanos (e desejos artificiais baseados nessas necessidades), quase chegando à total anulação do desenvolvimento da dimensão mais profunda da nossa vida. Como era de se prever, isso nos proporcionou uma sociedade de uma valorização material e poder tecnológico imensos à custa da pobreza espiritual, emocional e cultural. Viver com simplicidade oferece tão-somente um caminho para começar a conduzir esses dois aspectos de nossa vida a um grau maior de harmonia e proporção.

Chegar a algum tipo de medição dessa consciência é algumas vezes uma "façanha" involuntária, como foi para mim. No final de um casamento que durou dezessete anos, eu me vi sozinho com duas crianças, minha renda caiu pela metade e meus bens se reduziram a um sofá-cama, um abajur de pé, uma caixa de utensílios de cozinha conseguidos numa liqui-

60 Simplicidade

dação de objetos usados e um total de 4,57 dólares no banco. Lembro-me do meu advogado dizendo com seu jeitão suave: "Você parece estar sem cobertura, em termos financeiros". Para dizer o mínimo!

A vida não me apresentava uma perspectiva imediata de melhora ou modificação significativa. Limitar-me apenas a "seguir em frente", no sentido tradicional do termo, teria sido frustrante, mas era uma excelente oportunidade para mudar a perspectiva para alguns dos aspectos qualitativos da vida.

Certa manhã de verão, eu acabara de correr cinco quilômetros e estava caminhando para desacelerar o ritmo cardíaco. O ar era meu, o sol era meu e todas as cores e perfumes delicados do verão pareciam me pertencer. Eu tinha a impressão de que todos os moradores da região, que diligentemente trabalhavam em seus jardins, estavam embelezando a cidade especialmente para mim. Era como ter centenas de pessoas trabalhando o solo de uma propriedade minha, limpando-o, cultivando-o e cuidando dele para mim! Mesmo as plantas e os animais que surgiam de todos os lados numa profusão maravilhosa davam a impressão de se entregar a mim de alguma forma inalienável que nenhum processo de separação poderia ameaçar ou perturbar. Objetivamente falando, eu não possuía nada. Mas, subjetivamente, eu sentia como se tivesse tudo e não precisasse de mais nada. Era maravilhoso perceber que essa plenitude de vida tinha estado sempre ali e ali estaria sempre, se eu apenas arranjasse tempo para observá-la e chamar por ela.

Viver com simplicidade implica também que os *meios para satisfazer uma determinada necessidade sejam proporcionais e apropriados à necessidade em questão*. A compreensão desse conceito deve nos levar novamente ao ponto de saber a diferença entre necessidades e desejos. Mas também exige que se saiba

Por que adotar a simplicidade voluntária? **61**

com precisão *como* satisfazer apropriadamente necessidades de diferentes tipos. Ingerir alimentos nutritivos em quantidades saudáveis é o meio conveniente e adequado de satisfazer a necessidade de comer. O consumo excessivo de alimentos muito refinados ou pouco saudáveis não é o caminho conveniente nem adequado para livrar-se da angústia ou lidar com a depressão. Os computadores são meios apropriados e altamente eficientes para lidar com informações simbólicas, resolvendo certos problemas e possibilitando certos meios de comunicação. A realidade virtual não é nem um meio apropriado nem proporcional para satisfazer necessidades sociais, porque a "realidade" que apresenta é apenas um sucedâneo de qualidade inferior. Viver com simplicidade é fruto do compromisso de crescer continuamente, em conhecimento, consciência e atenção no que diz respeito àquilo de que necessitamos, ao que queremos e aos meios mais adequados, convenientes e éticos para satisfazer nossas necessidades e desejos. A economia de mercado prospera, em grande parte, porque confunde e deixa nebulosas essas distinções, criando apelos implícitos e explícitos com relação a produtos e serviços que buscam satisfazer necessidades usando meios impróprios.

Simplicidade, então, é *a decisão de se viver com mais profundidade*. Ao viver com simplicidade, escolhemos redirecionar nossa atenção e nossos esforços para um padrão de vida mais holístico, equilibrado, integrado, adequado e conveniente. Esse novo padrão respeita tanto os aspectos interiores, não-materiais, estéticos e espirituais da nossa vida quanto os aspectos materiais e físicos. Cuidamos do que vestimos, de onde vivemos e de como nos movemos no mundo, mas também cuidamos do que dizemos, da direção do nosso olhar, da singularidade de nossos propósitos, ao selecionar nossos envolvimentos e assumir nossos compromissos.

A tecnologia do ser

A cultura do consumismo exige uma tecnologia pautada no desejo de se ter cada vez mais. Essa tecnologia manipula o *mundo exterior* a fim de conseguir mais *coisas* dele. O consumismo ensina que essas coisas tornam-se, então, meios para se alcançar a felicidade. Quando a promessa não é cumprida, o consumismo nunca sugere que suas premissas básicas estavam erradas, apenas redirecionam nossa atenção para alguma coisa nova ou diferente. Se ainda não ficarmos felizes, contentes, tranqüilos é porque não descobrimos ainda a coisa correta que nos trará essas sensações. Como esperamos que nosso bem-estar seja proporcionado por alguma fonte fora de nós (produtos e serviços da cultura do consumo), ficamos completamente enfraquecidos e dependentes do mundo exterior para definir nosso bem-estar.

A simplicidade voluntária exige uma espécie diferente de tecnologia, cujo interesse é ajudar as pessoas a *serem* mais. A simplicidade devolve ao indivíduo, pelo menos em parte, a responsabilidade pela sua sensação de bem-estar. Como já dissemos, a simplicidade voluntária não é uma filosofia idealista, mas, antes, uma filosofia prática. Há, na verdade, *coisas* de que

A tecnologia do ser **63**

precisamos para manter nossa saúde pessoal. Mas a simplicidade ensina que os meios para se ter bem-estar devem ser adequados às nossas necessidades. O consumo de coisas materiais e serviços é essencial para satisfazer necessidades básicas de sobrevivência, mas é inerente ao consumo sua limitação na contribuição que pode dar para certo tipo de desenvolvimento pessoal e social. A tecnologia da simplicidade, entretanto, enfoca a unidade do ser e do universo, não a ilusão de que os dois são coisas separadas e diferentes, dando a entender que existe um "eu" separado que precisa ter "aquilo" para se sentir inteiro.

Quando eu tinha onze ou doze anos, costumava ir caçar veados com meu pai. Ele me acordava antes do amanhecer, naqueles dias frios de outubro, e nós nos vestíamos silenciosamente sob a fraca luz de uma lampadazinha que ficava acesa durante a noite, para não acordar o resto da casa. Nessa altura, ele já havia acondicionado seus apetrechos de caça no carro e nós saíamos bem devagarinho da casa para irmos até uma lanchonete de beira de estrada tomar o café da manhã. Estava ainda escuro quando nos dirigíamos para a mata, por trilhas que aparentemente só meu pai conhecia, até que encontrávamos o esconderijo que havíamos construído dias antes, do qual se avistavam trilhas freqüentadas por veados de cauda branca. A princípio, eu não levava espingarda nem arco e flechas, porque era muito novo. Mas, com o tempo, eu pude me sentar em meu próprio esconderijo com minhas armas preparadas, enquanto meu pai ia a alguma outra parte da floresta.

A técnica chamava-se "caçada imóvel". A pessoa fica sentada, em silêncio, sem se mover, e com uma paciência infinita, à espera de que o veado apareça numa das trilhas. Na mata, havia sempre uma porção de caçadores menos pacientes mo-

64 Simplicidade

vendo-se ruidosamente para ter certeza de que o veado estaria mais ou menos em movimento constante durante a estação de caça. Uma vez no esconderijo, nós nos sentávamos completamente imóveis, sendo nossos únicos movimentos os que fazíamos para respirar e girar lentamente a cabeça, para cá e para lá, varrendo o mato com os olhos, à procura daquelas enigmáticas formas que pareciam surgir magicamente do nada. Podíamos ficar sentados dessa forma durante horas. Ao meio-dia, fazíamos um intervalo e voltávamos para o carro para comer sanduíches e maçãs e conversar sobre onde os veados poderiam estar, já que não tínhamos visto nenhum de manhã, ou se meu pai deveria ou não ter atirado, em razão da distância, do ângulo, da folhagem e do que mais fosse, com relação a um veado que talvez tivéssemos visto. Havia muitas ocasiões, especialmente na caça com arco e flecha, que já era muito conseguir atirar, quanto mais caçar um veado. Na maior parte dos dias, "caçar" significava permanecer sentado interminavelmente.

Hoje, até se pode pensar que essa atividade era tremendamente aborrecida, mas, na época em que eu era garoto, meu pai me ensinou a superar o aborrecimento e a impaciência, o desconforto de ficar muitas horas sentado e o desapontamento por não ver nenhum veado por um longo tempo de constante vigilância. Os veados eram tão esquivos, camuflavam-se tão bem e eram tão silenciosos que, a qualquer momento, um podia "surgir" no ponto em que antes estivera invisível, apesar de ter estado ali o tempo todo. A possibilidade de um veado escondido criava tal motivação em mim que os momentos de distração ou aborrecimento eram logo deixados de lado, num esforço renovado para discernir o indiscernível. E, de vez em quando, esse esforço era bem-sucedido e suficientemente bem recompensado para que se tentasse ficar ainda mais quie-

A tecnologia do ser

to, silencioso e atento da próxima vez. Vinte e cinco anos depois, eu iria perceber que meu pai estava me ensinando, ainda que ele mesmo não tivesse consciência disso, não a caçar, mas a *meditar*. Ou, para ser mais preciso, caçar tornou-se um caminho para a meditação.

Conforme a minha capacidade de ficar sentado imóvel ia se desenvolvendo, alguma coisa aconteceu. Eu podia passar manhãs inteiras, do amanhecer até o meio-dia, de tocaia, com meus sentidos presos às mudanças da luz, da cor, da forma e do som da floresta. Aprendi a ouvir as coisas acordarem. Aprendi a ver a floresta em movimento, nutrindo, respirando. Senti como toda a floresta era uma comunidade que podia me ouvir e observar. Se eu ficasse suficientemente silencioso, ela parecia me esquecer, ou talvez me aceitar como se eu fosse parte dela e seguir adiante com suas atividades. Os pássaros piavam, os esquilos listrados brincavam nas folhas e outros juntavam avelãs, passarinhos executavam suas acrobacias em busca de larvas de insetos. Diante de tudo isso, comecei a me sentir não como um caçador invadindo a floresta por alguma coisa que eu desejasse retirar dela, mas como se eu fizesse parte dela. Comecei a me sentir em casa. Comecei a me ressentir dos barulhos ocasionais feitos por outros caçadores. Às vezes, eu me sentia tão profundamente satisfeito que parecia estar mergulhado num devaneio infinito, sonhando o sono da própria floresta. À medida que eu desenvolvia essa capacidade, parei de me preocupar com o fato de ver ou não algum veado, e quase perdi a vontade de matar quando aparecia algum. Bastava *estar* na floresta e estar *com* a floresta. A maneira como eu estava vestido também perdeu toda a importância (só bastava estar protegido dos elementos da natureza) e também o fato de ter ou não uma arma. Passei a pensar no meu arco e nas minhas flechas, na camuflagem de caça e nas botas, não como

66 Simplicidade

apetrechos de *caça* para um jogo de morte, mas como uma *camuflagem* para me esconder de outros caçadores. Todos pensavam que eu estava ali para conseguir minha caça! Pensavam que eu era um deles. Mas, na verdade, eu somente dava a *impressão* de ser um deles. Uma vez na floresta, eles mal podiam imaginar que meu objetivo principal era apenas ficar sentado!

Essa transformação de um garoto de doze anos irrequieto em um adolescente contemplativo é um exemplo da técnica aplicada da simplicidade. *Coisa nenhuma* era exigida para essa rica transformação experimental na minha capacidade de ver, ouvir e sentir a floresta. A caçada era um pretexto – apesar de que racionalmente tanto meu pai quanto eu acreditássemos nela – para alguma coisa muito mais importante para se ensinar e aprender. De fato, eu não precisava de *nada* que a cultura de consumo pudesse fornecer. O que era necessário era o exemplo de sabedoria do meu pai, seu amor pela vida ao ar livre, a paciência dele e o fato de ele compartilhar tão generosamente essa experiência comigo. Mas, quando comparo o significado que essa experiência teve para mim e os caminhos que abriu em minha vida para tudo aquilo que eu um dia possuiria, é muito simples calcular o seu valor. De uma certa forma, meu pai não me deu nada, mas ele me ajudou a descobrir como *ser* mais, aqui e agora.

Ao explorar algumas das *razões* por que uma pessoa possa adotar um modo de vida simples, debatemos o "saber por quê" da simplicidade voluntária. Mas a técnica da simplicidade voluntária consiste no "saber como". Essa técnica não começa com a atitude de desfazer-se de seus bens pessoais e então sair à procura de alternativas, de meios mais simples para satisfazer as mesmas necessidades. Em vez disso, a técnica começa com o *cultivo da consciência*. À medida que amadurecermos nossa capacidade para usar a consciência e usufruir dela, os aspectos exteriores de nossa vida conseqüente e progressivamente vão entrando em sintonia com essa consciência modificada. Uma vez preparado o solo da consciência dentro da pessoa, ele poderá, então, receber as sementes das sugestões daqueles que já experimentaram e aprenderam como satisfazer necessidades básicas e ligadas à evolução, cada vez mais direta e simplesmente, de forma a conservar a consciência.

A consciência se refere ao estado mental/emocional/físico da percepção atenta e vigilante. É a dimensão psicológica de um modo de vida do qual a simplicidade voluntária é a dimensão física. Simplicidade e consciência são *co-requisitos* uma da outra. A simplicidade alimenta a consciência, que gera mais simplicidade. Os praticantes da simplicidade que conseguem alcançar o mais puro grau de expressão do modo de viver simples também costumam ser pessoas que manifestam o mais alto grau de atenção consciente com relação à própria vida. À medida que a consciência aumenta, sentimo-nos naturalmente inclinados a nos livrar de complicações desnecessárias e passamos a enfocar mais atentamente as tarefas, os compromissos e as atividades que absorvem naturalmente a nossa atenção. Conforme vamos nos livrando de tudo o que obstrui a nossa vida, vamos nos distraindo cada vez menos das atividades e dos objetos que são alvo de nossa consciência alerta. Daí, cresce a consciência alerta.

Desenvolver a consciência não é algo particularmente complicado. É uma capacidade mental semelhante à memorização ou à resolução de problemas. Ela se desenvolve lentamente com o passar do tempo e raras vezes surge como um repentino "Ah!", embora muitas experiências de vislumbres repentinos apareçam aqui e ali, ao longo do amadurecimento da consciência. Se há uma coisa desafiadora no cultivo da

68 Simplicidade

consciência é a necessidade de se ter *paciência*, porque o crescimento da consciência é muito paulatino; é a necessidade de *acreditar e persistir* porque o progresso é quase imperceptível no dia-a-dia; é a necessidade de se ter *mais tolerância consigo mesmo e de se desculpar*, pois o crescimento da consciência é marcado por muitos falsos começos, deslizes e buscas às cegas; e é a necessidade da *disciplina* para manter a prática, mesmo quando parece que uma coisa tão simples e tão rotineira jamais irá cumprir o que promete.

Em seu romance utópico, *A Ilha*, Aldous Huxley imaginou um paraíso tropical chamado Pala. Entre muitas outras inovações sociais interessantes, os arquitetos da sociedade palanesa treinaram milhares de mainás para gritar: "Atenção! Atenção!" e "Aqui e agora, rapazes!". Os pássaros ajudavam os palaneses a se lembrar de manter a consciência o tempo todo, prestando atenção a tudo que estivesse acontecendo a eles no momento. Desenvolver a consciência começa exatamente com o processo de atenção consciente ao momento e às riquezas da experiência que cada momento oferece.

Praticar essa atenção requer que diminuamos o ritmo de nossas atividades, pois estamos procurando nos tornar mais profunda e intensamente conscientes de cada momento, em vez de nos apressarmos para saber o que vem em seguida. O desenvolvimento dessa espécie de consciência atenta nos conduz naturalmente a um modo de vida mais simples, porque esse estado de concentração da consciência simplesmente não deixa lugar para muitas *coisas*. Poucas já são suficientes, pois as poucas coisas que temos são muito bem usadas.

Uma vez eu estava observando uma amiga preparar uma salada. Ela se concentrava em cada fase do processo de preparação, examinando cada uma das folhas de alface enquanto as lavava, olhando a água correr nas folhas e brilhar e refletir sob a luz do sol que iluminava a cozinha. Ela escorreu e secou as folhas delicadamente, sentindo cada folha através da textura úmida do pano de prato. Em seguida, lavou um pimentão vermelho, e então retirou delicadamente as sementes com a faca, cortando com atenção quase cirúrgica a seus movimentos, olhando o sumo vermelho-claro do pimentão manchando a lâmina da faca enquanto o fatiava para a salada. Item por item, ela agiu da mesma forma, lavando, sentindo, cheirando, parando e cortando, dispondo e misturando as diversas partes das várias coisas vivas que seriam a nossa refeição. Nossa conversa nesses momentos era comedida, pensada e descontraída. Eu olhava para ela tão absorto quanto ela estava concentrada na preparação dos vegetais. Minha experiência dessa salada em particular foi completa e muito diferente do modo como somos ensinados a executar tarefas desse tipo.

Nas páginas anteriores, tomei cuidado para não chamar a sociedade norte-americana de "materialista", mas sim de *consumista*. Construímos um modo de vida que equipara ter satisfação com "devorar", um termo embaraçoso mas descritivo, relacionado mais ao preço e à quantidade das coisas consumidas do que com a intensidade ou profundidade da experiência. Uma sociedade verdadeiramente materialista amaria as coisas materiais, o que implicaria conservá-las e usufruí-las. Minha amiga estava sendo muito materialista ao tirar tanto prazer do ato de preparar uma salada, o que, do nosso ponto de vista tradicional, paradoxalmente é também uma atitude *espiritual*.

Mas uma sociedade consumista não é nem materialista nem espiritual. Quanto mais tenta consumir, menos ela usu-

70 Simplicidade

frui. A própria velocidade desse processo já nos assegura de que ele não será atento e consciente. Conforme o consumo sobe cada vez mais e o nível de atenção cai, a tendência geral é observar-se uma *inconsciência* cada vez maior. Não sabemos o que estamos fazendo porque não estamos prestando atenção às fontes das coisas que usamos, nem aos efeitos de produzi-las e colhê-las, nem à experiência de usá-las e usufruir delas, nem mesmo às conseqüências por tê-las usado. O que a sociedade consumista produz é apatia e desperdício, em vez de prazer e produtos materiais bem-feitos, o que é certamente uma discrepância com relação ao que ela promete.

Um outro bom exemplo do que eu quero dizer com ter consciência pode ser encontrado em qualquer criança pequena normal. Quando meus filhos estavam comemorando o Natal pela primeira vez de verdade, eu percebi claramente como ensinamos a nós mesmos a deixar de lado a consciência pelo consumismo. Quando eles se levantaram na manhã de Natal, encontraram o pinheirinho rodeado de presentes. Como eram os únicos netos da família nessa ocasião, a quantidade de pacotes era enorme. Cada um recebia um presente e a explicação de como abri-lo, uma capacidade que exigia que eles se privassem do prazer evidente de admirar o papel de embrulho, as fitas coloridas e os enfeites presos ao pacote. Quando desembrulharam seus primeiros brinquedos, os dois se dispuseram a brincar e explorar todas as possibilidades dos novos objetos. Isso levaria a manhã toda, como de fato levou. Mas, reunidos à volta das crianças, estavam os parentes adultos, cujo prazer, nessa ocasião, era contemplar a abundância do ponto de vista quantitativo, e não qualitativo. O objetivo dessa manhã de Natal era *abrir* os presentes, não exatamente brincar com eles. Era preciso passar para a próxima coisa, movimentar-se, consumir. Assim, sem deixar de lado os sorrisos e a delicadeza, um presente após o outro era tomado e substituído por outro pacote fechado. Eu me lembro da expressão confusa do meu filho em determinado momento, enquanto ele tentava "entender" o significado desse comportamento. Como toda criança, ele logo aprendeu a lição. Mais tarde, nessa manhã, o ato de abrir pacotes tinha se transformado num pandemônio de rasgar papéis, o que os adultos sutilmente tinham passado como sendo sua expectativa. Na hora do almoço, todos os presentes tinham sido abertos, os novos brinquedos estavam espalhados por todos os cantos da sala e meus filhos brincavam apenas com as caixas vazias. Tinham aprendido bem. A vida na sociedade consumista é o momento da novidade, a descarga de adrenalina provocada pela descoberta, como um lampejo provocado por uma droga, que se extingue quando a novidade é "devorada". Não deveis prestar atenção. Não deveis vos demorar. Não deveis desfrutar. É vosso dever vos manter em movimento.

Com relação a esse episódio, não quero desmerecer as intenções da minha família ao querer dar muitos presentes aos meus filhos. Só quero destacar uma ilusão a que todos nós estamos propensos. A pobreza real da nossa geração é que não sabemos saborear tão bem quanto sabemos consumir. A capacidade para a assimilação consciente é, freqüentemente, alguma coisa que precisamos reaprender com nossos filhos.

Portanto, o desenvolvimento da consciência não requer uma abordagem infantilizada, mas uma forma de encarar as experiências como faria uma criança, ou seja, uma condição paciente, receptiva, aberta, não-crítica e intensamente absorta no momento que está sendo vivido. E essa postura genérica, nas mais desenvolvidas formas de consciência alerta, é assumida em *todos* os atos da vida diária: ao comer, ao andar, ao sentar-se, ao trabalhar, ao tomar banho, ao fazer amor, ao conversar, ao tocar, ao esperar, ao brincar, ao pensar, ao sentir.

Em tudo isso está implícito o fato de que a técnica de viver com simplicidade não é externa ou mecânica, mas é interior e pessoal. A consciência desenvolve-se tanto como uma postura *corporal* quanto como uma postura mental. Talvez até mais. A marca de uma civilização técnica voltada para o consumismo tem sido a intelectualização da educação e o distanciamento da consciência de qualquer nível de experiência sensória. A informação é transmitida na mídia visual por meios cada vez mais impessoais.

Mas quando levamos em conta as práticas que ajudam a desenvolver a consciência, observamos que elas começam com disciplinas físicas e emocionais tanto quanto com trabalho mental. A própria meditação depende muito de posturas físicas e disciplina na respiração, as quais, juntas, modificam a abertura focal da percepção consciente. A dança, as artes marciais, as belas-artes – como a pintura, a escultura e a música –, todas exigem uma participação física como parte integrante do desenvolvimento da atenção mental. Parece que chegamos ao "conhecimento" do que é a consciência tanto por assimilação intuitiva quanto por ensinamento consciente.

Esse ponto traz de volta o que eu disse antes quando identifiquei a consciência e o viver com simplicidade como *co-requisitos* um do outro. Nem a consciência nem a simplicidade são padrões do ser que eu adoto simplesmente mudando minhas opiniões intelectuais ou aprendendo algum tipo de conceito. O conteúdo da experiência consciente de viver com simplicidade não é feito de conceitos ou opiniões. É algo em que nos *tornamos*, não algo em que *pensamos*. Até que nos transformemos nisso de algum modo – isto é, façamos isso de verdade –, não o entenderemos.

Há muitos recursos excelentes para desenvolver uma consciência mais ampla. Não é minha intenção reiterar aqui o que já foi tão bem explicado por tantos outros autores no correr dos últimos quatro mil anos, mas a seção *Explorações*, a seguir, ajuda a nos tornar mais conscientes e mais atentos com relação ao modo como estamos vivendo e repete continuadamente que *temos* escolha com relação a como viveremos daqui para a frente. Como se trata de um livro, nossas explorações tiveram de ficar restritas mais ou menos ao domínio das idéias e dos conceitos. Acabei de declarar que isso não é suficiente para desenvolver a consciência, e este livro, por si só, não bastará para ajudá-lo a desenvolvê-la. Espero, entretanto, que ele ajude num processo que o grande educador brasileiro, Paulo Freire, denominou de "conscientização": o processo gradativo de levar à percepção consciente a nossa situação pessoal e social como um todo, para que essa mudança seja possível. Nenhuma mudança é possível quando *não temos consciência* de nossa situação. O fato de completar os exercícios de exploração não vai levar você a adotar permanentemente uma vida de simplicidade consciente, mas espero que os exercícios o ajudem a encaminhá-lo ao ponto em que você começará a agir de forma a desenvolver ambos.

Explorações

Esta parte do livro consiste de exercícios para ajudar a elucidar valores pessoais e abrir novas perspectivas para um modo de vida simples e suas alternativas. Em algumas explorações pede-se para que você descreva diferentes aspectos de seu modo de vida atual. Em outras, você será convidado a imaginar novas possibilidades para você e sua família. Não se apresse durante as explorações e escreva respostas bem pensadas. Você ficará surpreso com o que descobrir.

Pegue umas folhas de papel e uma caneta, ou, melhor ainda, arranje um caderno com folhas destacáveis só para você registrar suas explorações. Pense nisso como uma espécie de diário de viagem em que você anota observações, descobertas e relatos de sentimentos e intuições, à medida que explora cada novo trecho de terreno. Pode ser que você descubra que quer repetir alguns exercícios durante um período considerável e que nesse processo de olhar para trás e depois para o futuro contém, nele mesmo, muita energia para o aumento da percepção.

Aqui e agora

Quando um artista começa um trabalho, ele pega uma tela nova ou papel em branco, tintas ou lápis e, assim que acaba o trabalho, deixa tudo de lado. Quando um escritor começa uma história nova, em primeiro lugar ele arranja papel em branco e talvez até uma caneta nova, ou, atualmente, pode inserir um disquete novo no computador e abrir um arquivo só para isso. Quando queremos aprender uma dança nova, afastamos a mobília para dar espaço para a nova atividade e arranjamos tempo para as aulas de dança.

No exercício a seguir, estaremos abrindo "espaço" mental/emocional/espiritual para futuras explorações. Fazemos isso ao caracterizar e descrever nossa situação atual. Dizemos tudo o que tem que ser dito a fim de descrever o momento presente de nossa vida, nossa "situação como um todo", com seus problemas, suas recompensas, tensões e alegrias. Fazemos isso não tanto com a intenção de resolver problemas ou fazer grandes descobertas, mas a fim de diminuir o nosso ritmo e nos dar de presente um auto-exame metódico e sistemático. Não avaliamos nosso progresso. Não julgamos nossos "sucessos" ou "falhas", nem tentamos discernir grandes "padrões". O objetivo deste exercício é simplesmente aumentar um pouco a *percepção* da situação de nossa vida como um todo, aqui e agora.

Para ajudar nesse processo, apresento perguntas básicas ou sugestivas, relacionadas a diferentes aspectos do modo de vida. Considere uma área de cada vez. Não tente fazer uma descrição exaustiva de cada uma delas. Em vez disso faça algumas notas esquemáticas que capturem a essência do que está ou não acontecendo nesses campos da sua vida. Já que suas anotações serão particulares, você pode ser totalmente hones-

Explorações

to consigo mesmo e qualquer coisa que escreva será bem-vinda. Se julgar a si mesmo, e selecionar ou mesmo omitir informações, isso só fará com que a mobília continue atravancando o salão de dança.

1. *Pense neste momento de sua vida como um todo. Escreva um parágrafo ou faça um esboço que descreva o seu momento presente.*

2. *Como você descreveria os sentimentos que mais caracterizam este momento?*

3. *Descreva o trabalho que você faz, o que o faz sentir-se gratificado em sua atividade, além das suas frustrações, oportunidades e limitações nesse campo.*

4. *Descreva sua situação financeira, com atenção especial à maneira como ela o afeta emocionalmente.*

5. *Faça uma lista e uma breve descrição dos relacionamentos que têm maior impacto sobre você, seja ele positivo ou negativo.*

6. *Descreva como você tem se sentido fisicamente; seu estado de saúde em geral; sua sexualidade; seu nível de energia; e qualquer observação relevante sobre experiências de prazer físico ou de dor ou ferimentos.*

7. *Descreva sua vida do ponto de vista comunitário ou social e seus contatos interpessoais, além dos relacionamentos mais íntimos que você já descreveu anteriormente.*

80 Simplicidade

8. Descreva sua espiritualidade. De que forma você sente a espiritualidade neste momento e como tenta vivê-la?

9. Como você descreveria as áreas mais problemáticas da sua vida? Em que áreas você sente maior necessidade de crescimento, reparação ou desenvolvimento?

10. Em que áreas da sua vida você sente mais vitalidade, força e gratificação? O que "recarrega suas baterias"?

11. Desenhe uma figura ou crie um símbolo que, a seu ver, expressa este momento como um todo. Se quiser, você pode fazer um poema, uma canção, um trabalho artístico ou um ritual que expresse este momento e que você possa apresentar ou criar em momento e local apropriados.

[Esse exercício é uma adaptação do "Period Log", desenvolvido por Ira Progoff para o National Intensive Journal Program.Veja referências.]

As melhores coisas da vida...

O que é a vida, afinal? A resposta a essa pergunta pode variar muito, dependendo da pessoa. Para alguns, ela se baseia nos sentimentos de prazer que eles têm com diversas atividades, relacionamentos ou aquisições. Para outros, o propósito da vida pode estar relacionado à fé, a crenças espirituais, a uma missão, à arte ou à profissão. Outros querem fazer uma contribuição de algum tipo para nossa sociedade ou cultura, ou quem sabe encontrem o objetivo de suas vidas tomando conta de familiares, crianças ou amigos.

A simplicidade voluntária presume que encontraremos a maior satisfação e gratificação na vida quando nossa rotina diária de atividades originar-se dos objetivos e metas que acreditamos serem os mais importantes. Experiências de grande prazer e profundo significado são freqüentemente um indício do que valorizamos e do que é melhor para nós. Uma vida simples é aquela em que concentramos nossa energia nas coisas que sabemos serem as melhores para nós. Muitas vezes, entretanto, o ritmo da vida moderna nos deixa pouco tempo para lembrar de direcionar nossas atividades para "as melhores coisas da vida".

Na exploração seguinte, começaremos por lembrar algumas experiências passadas que nos deram muita satisfação e alegria e que nos fizeram sentir gratificados. Então relacionaremos essas experiências a aspectos da "cultura material" e, finalmente, à nossa atual rotina diária de atividades.

Para facilitar essa exploração, será de grande ajuda explicar a diferença entre "cultura material" e "cultura não-material".

A *cultura material* refere-se a objetos físicos produzidos pela atividade humana ou coletados do meio ambiente por seres humanos. Como exemplo, podemos citar: carros, aparelhos de som, lanchas e casas.

A *cultura não-material* refere-se a criações do ser humano que são essencialmente invisíveis ou não-materiais. Em alguns casos, um objeto ou uma coisa podem ser usados para reproduzir ou elaborar o artefato não-material, sem serem essenciais à natureza dele. Exemplos de cultura não-material são: a linguagem, histórias, peças de teatro, lendas, filosofias, teorias científicas, canções, etc. Podemos empregar amplificadores e gravadores para armazenar e transmitir músicas, mas esses mecanismos não são essenciais para a criação da música. Em geral, quando uma pessoa morre, morre também sua cultura não-material, a menos que ela tenha sido gravada de alguma forma. Sua cultura material pode permanecer como ruínas arquitetônicas, objetos de arte, ferramentas, etc.

1. *Relacione a maior quantidade de exemplos de cultura material que você for capaz.*

2. *Agora faça uma lista de tantos exemplos de cultura não-material quantos você se lembrar.*

3. *Compare as duas listas. Qual é a mais longa? O que lhe sugere essa diferença?*

4. *Quais são as oportunidades que, a seu ver, poderiam ser representadas pela diferença entre as duas listas?*

5. *Como você relaciona a extensão dessas duas listas diferentes à idéia de desenvolvimento e civilização? Seja honesto.*

Agora relaxe e deixe sua mente voltar ao passado e rever sua vida desde lá até o momento presente. Escreva três parágrafos descrevendo três "pontos altos" de sua vida. Esses foram momentos em que você sentiu grande alegria, vitalidade e satisfação pelo fato de estar vivo. Assim que acabar cada parágrafo, responda às questões que vêm a seguir.

1. *O que você estava fazendo?*

2. *Com quem você estava?*

3. *Quais os aspectos desse momento/experiência que lhe trouxeram mais realização?*

Explorações

4. *Havia artigos de cultura material essenciais para que essa experiência fosse possível? Se a resposta for positiva, quais eram eles?*

5. *O que – se é que alguma coisa tem esse poder – impede você de repetir essa experiência ou outras como ela?*

Registre sua rotina diária

Muito do que fazemos, na maior parte do tempo, é mais ou menos inconsciente. Isso quer dizer que muitas de nossas atividades são regidas pelo hábito ou por aquilo que julgamos ser necessário. Não pensamos muito sobre o que fazemos. Levamos muito tempo "agindo mecanicamente". Já que grande parte de nossa atividade social exige a operação de máquinas que obedecem a ciclos repetidos, nossas atividades podem tornar-se ainda mais automáticas. Muitas pessoas passam um tempo considerável dentro do carro e, para motoristas experientes, guiar é quase um comportamento automático. Estamos conscientes, é claro, mas não temos *consciência* do que estamos fazendo.

Para a simplicidade voluntária, as atividades que são levadas a cabo com consciência – isto é, com toda a atenção voltada para a voluntariedade de nossas ações – são mais gratificantes e agradáveis do que dirigir mecanicamente ou seguir rotinas semiconscientes.

Quando eu trabalhava como orientador em *workshops*, muitas vezes eu pedia aos participantes para relatar suas atividades num dia "típico", ou na semana anterior. Freqüentemente as pessoas têm dificuldade para se lembrar do que fizeram. Algumas vezes suas recordações são até distorcidas pelo desejo de como gostariam de ter passado o tempo!

84   Simplicidade

Para fugir das ilusões do que você gostaria que tivesse acontecido e dar mais um passo rumo à conscientização acerca de como está vivendo, é muito útil preparar um registro do seu dia-a-dia. Como o diário de bordo de um navio, ele servirá para anotar o que é feito durante o dia inteiro. Para estar pronto para a próxima exploração, sugiro que você mantenha o registro de suas atividades diárias por, pelo menos, uma semana.

Algumas pessoas me dizem que elas não têm dias ou semanas "típicos", já que suas atividades estão sempre se modificando. Isso é ótimo. Se for esse o seu caso, registre tudo o que fizer durante uma semana. Restarão ainda muitas atividades que se repetem de uma semana para a seguinte.

Reserve sete páginas de seu caderno e registre todas as suas atividades durante os próximos sete dias, hora após hora. Se você tiver um relógio equipado com um despertador, será útil acertá-lo para que ele o faça se lembrar de registrar suas atividades, ou seja, na hora do almoço (período matinal), na hora do jantar (período vespertino) e bem na hora de dormir (período noturno). Registre tudo, não importa o quanto possa parecer pessoal ou trivial. Esse diário é só para você. Não analise nem censure seus registros. Por uma semana, você será um "antropólogo", estudando os comportamentos maravilhosos e peculiares de uma cultura exótica, por meio das atividades exercidas por um de seus membros. Divirta-se!

Tendo completado seu registro da rotina cotidiana por uma semana, agora reveja suas anotações e se faça algumas perguntas a respeito delas. Seja delicado consigo mesmo em todas as suas perguntas. Todos nós assumimos padrões de comportamento que às vezes não estão em harmonia com nossas intenções e desejos. O objetivo dessa exploração é ampliar o grau de consciência, e isso é feito ao se alcançar

Explorações 85

uma percepção maior daquilo que de fato estamos fazendo com nosso tempo e nossa energia. Dessa forma, novas escolhas se tornarão possíveis se nós as desejarmos.

1. *Faça a revisão das atividades que você registrou. Quantas dentre elas lhe dão a satisfação que você associa aos "pontos altos" de sua vida?*

2. *Se algumas atividades não são gratificantes nem satisfatórias, para que elas servem? Elas são necessárias ou podem ser modificadas, reorganizadas ou eliminadas?*

3. *Até que ponto sua rotina diária é direcionada para os aspectos da cultura material? O que de bom isso traz para sua vida?*

4. *Em que extensão sua atividade diária o ajuda a atingir metas em sua vida? Ela está possibilitando que você cumpra as metas de outra pessoa? Se for assim, de quem? Você está de acordo com essas metas?*

5. *Programe para si mesmo uma rotina diária que possa ajudá-lo a fazer as coisas que acha mais gratificantes e importantes. Quando tiver terminado essa programação ideal, converse com um amigo, com seu parceiro ou um parente sobre o que esse exercício significou para você.*

Simplicidade

ROTINA DIÁRIA	
HORA	ATIVIDADES

As utilidades do nada

O dia-a-dia numa sociedade voltada para o consumo dispara contra nós uma artilharia de mensagens e pressões sociais sutis que equiparam consumo a bem-estar. No decorrer da vida, esse processo pode minar a confiança em nossa capacidade intrínseca como seres humanos de sentir prazer e perceber o significado de uma vida à parte do consumo, da propriedade e da posse: fizeram-nos acreditar que o que *somos* é definido pelo que *temos*. Talvez cheguemos a pensar que nossa experiência como seres humanos é proporcionada pelas coisas que possuímos.

Neste exercício, procuraremos reconhecer nossa capacidade intrínseca como seres humanos; ou seja, lembraremos as capacidades que são nossas, independentemente das coisas que possuímos ou consumimos.

Imagine que você está numa ilha tropical bem distante da civilização. Você não tem ferramentas ou outros bens a não ser aquilo que está vestindo. Há muita água fresca para beber, muitos vegetais para colher e o clima não exige abrigo ou roupas especiais. A ilha tem plantas e animais em abundância, embora nenhum deles represente uma ameaça real para os seres humanos.

1. *Reserve alguns minutos para relacionar todas as atividades das quais, a seu ver, você poderá se ocupar como indivíduo. E então classifique cada atividade de acordo com o nível de satisfação que ela lhe dá, usando uma escala de 1 (ligeiramente gratificante) a 10 (extremamente gratificante).*

2. *Em seguida, imagine que você está nessa ilha com um grupo de pessoas; escreva outra lista com todas as atividades possíveis num re-*

88   Simplicidade

lacionamento com outras pessoas. Você pode conversar sobre esse exercício com amigos ou parentes para que surjam mais idéias. Agora reveja sua lista e use a escala de 1 a 10 para classificar as atividades, segundo o grau de satisfação que elas lhe proporcionam.

3. Descreva os impactos ambientais das três principais atividades da sua lista.

4. Agora repita este exercício, presumindo que você possa levar para a ilha qualquer coisa que possa ser comprada por 200 reais ou menos.
O que você compraria?
Quantas atividades isso acrescentaria à sua lista? Especifique.
Que efeitos essas atividades adicionais exerceriam sobre o meio ambiente da ilha?
Que efeitos essas atividades adicionais teriam sobre seu convívio com os outros habitantes da ilha? Elas fortaleceriam o relacionamento entre vocês e enriqueceriam sua vida em comum ou não?

5. Repita o exercício, desta vez fazendo de conta que tem 20.000 reais para gastar.
O que você compraria?
Faça uma lista das outras atividades que isso lhe possibilitaria e classifique-as, comparando-as com as do topo da sua primeira lista.

6. Reexamine seus sentimentos e anote os resultados dos exercícios.

7. O que a sociedade diz a você sobre a relação entre dinheiro, consumo, propriedade e bem-estar?

8. Como isso se enquadra na sua experiência de vida?

Explorações

9. *Quais seriam as conseqüências ambientais relacionadas às listas 1, 2 e 3?*

10. *As diferenças relacionadas ao impacto ambiental valeriam a pena, levando-se em conta as diferenças quanto aos benefícios, mesmo partindo de um ponto de vista puramente humano?*

Eu quero isso agora!

Os produtos e serviços de que *precisamos* são aquelas coisas sem as quais possamos até não sobreviver ou cuja falta pode diminuir de tal forma o nosso campo de atuação que não cheguemos a desenvolver todo o nosso potencial. Evidentemente, algumas necessidades são essenciais a todos os seres humanos, como alimentos e água. Outras necessidades são básicas para todas as pessoas que vivem numa determinada região, como a necessidade de abrigos aquecidos em locais de clima muito frio. Algumas necessidades, como as ligadas ao amor, à aceitação social e ao trabalho significativo podem não estar relacionadas diretamente à sobrevivência física, mas são necessárias ao desenvolvimento emocional e psicológico e ao bem-estar.

O psicólogo Abraham Maslow[8] sugeriu que as necessidades humanas poderiam ser dispostas de forma hierárquica ou piramidal – na base ficariam as necessidades básicas como a alimentação e o abrigo, as necessidades de aceitação social e auto-estima ocupariam o meio e a "auto-realização" ou as necessidades espirituais, o topo da escala hierárquica. Ao dispor as necessidades dessa maneira, Maslow não quis dizer que as necessidades espirituais e de auto-realização são mais importantes do que as necessidades físicas básicas. Ao contrário, o desenvolvimento pessoal e espiritual dependem da satisfação das necessidades básicas como sua *fundação*. Maslow acreditava que havia pouca vantagem ao se tentar desenvolver os potenciais de realização do espírito humano se as necessidades básicas não estivessem supridas ou asseguradas. Nesse ponto ele tem muito em comum com os mestres espirituais espalhados pelo mundo, que raramente recomendam que se fale de libertação ou santidade aos famintos!

Os produtos e serviços que *desejamos* normalmente se relacionam a itens que estão distantes das necessidades humanas essenciais. Precisamos de transporte, mas um carro esporte luxuoso para uso pessoal claramente passou para o domínio das coisas que poderíamos desejar. Um dos meios usados pela economia de mercado moderna para manter seu ritmo de crescimento é o emprego de estratégias de propaganda que confundem desejo com necessidade, ou, pelo menos, *associam* a tal ponto esses dois itens que, durante um bom tempo, eles se confundem. Com freqüência, nota-se como o mercado de automóveis distanciou-se da necessidade básica de transporte do homem e passou a se fundamentar em associações com o impulso humano em busca de gratificação sexual, com a aquisição ou exibição de posição social elevada, com o exercício do poder e com a expressão de domínio sobre os outros (como nas corridas de automóvel) ou sobre o meio ambiente (os prodigiosos veículos que enfrentam qualquer tipo de terreno).

A satisfação de necessidades básicas é essencial para nossa saúde e bem-estar. Satisfazer necessidades de realização é essencial para o completo desabrochar da humanidade. A simplicidade voluntária tem como objetivo satisfazer os dois tipos de necessidades tão *direta* e *simplesmente* quanto possível. Na exploração a seguir, estaremos examinando nossas necessidades e de que forma estamos tentando satisfazê-las atualmen-

Explorações

te, até que ponto nossos esforços estão sendo bem-sucedidos e quais são as alternativas que conseguimos imaginar.

Abra uma nova seção em seu caderno, para este exercício. Divida pela metade, de cima até embaixo, a primeira página de sua nova seção. No lado esquerdo da página, relacione tantos exemplos quantos for capaz daquilo que você imagina que sejam as necessidades essenciais para manter a saúde e a sobrevivência física. No lado direito, faça uma lista de todas as coisas que julga essenciais para o desenvolvimento do que você acredita que seja um ser humano completo. Agora, começando uma página nova, copie uma das necessidades no alto e responda às questões que se seguem no restante da página. Use várias páginas para responder, se assim desejar. Continue até que tenha explorado todas as necessidades das duas listas.

1. Como essa necessidade pode ser satisfeita de forma mais direta?

2. Como você está satisfazendo essa necessidade neste momento de sua vida, ou o que você acha que poderia vir a satisfazê-la?

3. Relacione todas as conseqüências ambientais, sociais, econômicas e espirituais que puder se lembrar que derivam da forma com que está satisfazendo essa necessidade atualmente.

4. Sozinho ou em conversa com outras pessoas, crie caminhos alternativos para satisfazer essa necessidade que sejam ao mesmo tempo mais diretos e simples e que consigam minimizar o impacto ambiental.

Agora deixe de lado suas anotações e pense nos bens ou serviços que se encontram claramente na categoria dos desejos. Abra seu caderno numa página nova e relacione alguns exemplos de desejos em sua própria vida.

No seu caderno, separe uma página para cada desejo e, com relação a cada um deles, responda às questões a seguir:

1. *Se as necessidades são "fatos básicos da vida" para os seres humanos, de onde se origina esse desejo?*

2. *O que o levou a ter esse desejo?*

3. *O que você acha que vai mudar em sua vida se conseguir realizá-lo?*

4. *Quais serão as conseqüências ambientais, econômicas, sociais, espirituais e pessoais – positivas e negativas – da realização do seu desejo?*

5. *Por intermédio de que ações você planejou perseguir o seu intento e de quanto tempo você precisaria para isso?*

6. *Existem caminhos para satisfazer essas aspirações que causem menos impacto ambiental, social, econômico, espiritual, etc.? Se há, quais são?*

7. *Descreva uma vez em que realizou um desejo e uma vez em que satisfez uma necessidade. Os mesmos limites se aplicam para os dois tipos de experiência?*

8. *Se as necessidades são limitadas por nossas capacidades naturais para satisfazê-las e os desejos não o são, o que isso implica para o meio ambiente e para a possibilidade de outras pessoas no futuro poderem satisfazer suas necessidades?*

Explorações

9. Que mudanças em sua vida você gostaria de fazer, se é que gostaria de fazer alguma, em função deste exercício?

Meu planeta por uma xícara de café

Uma área fértil para a conscientização sobre nosso modo de vida é a reflexão sobre as coisas que compramos e usamos. Na maior parte do tempo, compramos máquinas, produtos e serviços porque eles nos ajudam a satisfazer algum tipo de necessidade, mas não pensamos muito sobre como esse produto em particular transformou-se no que é, de onde ele veio, se ele satisfaz a necessidade que sentimos ou se, talvez, ele ultrapasse nossas necessidades ou mesmo nossos desejos. Seria muito útil, por exemplo, se nos perguntássemos se queremos realmente pagar o preço dos produtos e serviços que são projetados para atender os gostos e as preferências de um público muito vasto, depois são trabalhados pelo mercado de um ponto de vista corporativo, sendo que isso pode representar custos excessivos para quase todos os usuários do produto ou serviço. Podemos considerar apropriado, por exemplo, que aqueles que apenas desejam serviços telefônicos básicos e confiáveis paguem o custo de chamadas simultâneas, rastreador de chamadas, identificador de chamadas e transferência de ligações para outros números de telefone, por causa de uma minoria que deseja esses serviços?

Na exploração a seguir, vamos refletir sobre o significado do progresso material, dos rendimentos decrescentes e das conseqüências de direcionar tanto esforço criativo para gerar lucros econômicos. Avaliaremos o valor das invenções e dos desenvolvimentos tecnológicos na cultura material em termos das *necessidades que eles suprem* e não dos lucros que eles possam produzir.

94 Simplicidade

Conheci Quinn, um eremita e extraordinário contador de histórias que morava nas florestas ao norte de Ontário, no início da década de 80. Ele costumava vociferar contra uma porção de coisas, mas uma determinada manhã ele se voltou contra sua xícara de café.

– Sabe quanto está custando o café atualmente? – ele disparou. – Um braço e meia perna, isso é que é!

– Como assim? – perguntei.

– Ora – ele começou. – Quando meu pai chegou por essas bandas, ele fazia "café de acampamento". Despejava um punhado de pó de café numa panela de água fervente e deixava ferver um pouco. Depois, tirava a panela do fogo, pingava um pouco de água fria na infusão para assentar a borra e pronto.

– Bem, meu pai continuava ficando com a borra na xícara, assim, ele passou a pegar uma meia e pôr o pó dentro, e então usava a meia como um saquinho de chá, mergulhando-a na água fervente, e isso também virava café, só que melhor, porque não tinha mais pó.

– Mais tarde, apareceram as vasilhas de metal com um cestinho para o pó e a bolha de vidro na parte de cima, e assim dava para saber se o café já estava no ponto desejado – fraco, médio ou forte. De qualquer maneira, era mais gostoso do que o café coado na meia! Assim o café já ficava um pouquinho melhor.

– Então, um dia, instalaram uma hidroelétrica por aqui, e então já era possível pôr a cafeteira num fogão elétrico em vez de colocá-la no fogão a lenha. Isso não melhorou o café em nada, mas imagino que o fogão elétrico era bom para alguma outra coisa, e assim fazia sentido.

– Daí, alguém decidiu que não era bom fazer o café no fogão e que seria melhor ter uma parafernália diferente, só para isso. E então apareceram com uma cafeteira com fio e tomada, que tinha lá dentro um "fogãozinho elétrico" próprio, só que você não poderia usá-lo para mais nada, a não ser para fazer café. Embrulharam todos direitinho, foi isso o que eles fizeram!

– Assim que eles conseguiram fazer com que as pessoas comprassem suas cafeteiras elétricas, eles resolveram aparelhá-las com *chips* de computadores e tudo o mais. Agora você já pode ter um bule de café com cérebro! As cafeteiras têm programa e mostradores e ajustes e é preciso esvaziar seu conteúdo toda semana assim como um iogue faz jejum. A máquina vai fazer o café mesmo que você não esteja lá! Faz um café igual ao da meia do meu pai, exceto que a meia do meu pai era de graça e esses dispositivos custam uma fortuna. Chamam isso de progresso!

1. *Selecione um item em sua casa que pertença à cultura material e que tenha sido considerado um grande "progresso" quando saiu no mercado, como a geladeira, a faca elétrica, a máquina de lavar roupa. Registre em seu caderno qual a necessidade que esse item supostamente deveria satisfazer.*

2. *Pesquise os estágios de desenvolvimento desse eletrodoméstico no correr do tempo. Se não souber quais foram os estágios, seria interessante ler a respeito de como objetos comuns de nossa cultura material se desenvolveram. Faça um breve resumo desse processo em seu caderno.*

3. *Você consegue identificar algum ponto na evolução desse aparelho, serviço ou item em que as mudanças não mais produziram melhorias na sua função ou desempenho? Se identificou, quando aconteceu isso?*

Simplicidade

4. Quais foram os resultados das mudanças adicionais?

5. Quem se beneficiou mais com essas mudanças?

6. Em algum momento, você acha que "desenvolvimento" transformou-se em <u>excesso de desenvolvimento</u>? Se a resposta for positiva, quando aconteceu isso?

7. Que relação existe entre esse objeto e a necessidade que ele tem por finalidade satisfazer, ao final de seu desenvolvimento em comparação com o começo?

8. O que essa forma de abordar o desenvolvimento custa a cada um de nós em termos de tempo, dinheiro, meio ambiente, qualidade de vida, paz espiritual, compreensão e harmonia internacionais e interculturais?

9. Quais são as alternativas a esse tipo de sistema que você consegue imaginar?

10. Quais as providências que você pretende tomar para ir ao encontro dessas alternativas?

Aos filhos dos filhos dos meus filhos

Outro aspecto do desenvolvimento da conscientização é a percepção de que fazemos parte de uma longa corrente de acontecimentos históricos. A história da humanidade nos trouxe ao ponto em que estamos por meio do desenvolvimento de nossa sociedade e de nossa consciência pessoal. Nossas ações, nossas vidas, contribuirão para a corrente de eventos

Explorações

que prepara o cenário para as gerações futuras. Um dos princípios do "desenvolvimento sustentável" é a *eqüidade intergeracional*. Esse princípio é o reconhecimento de que as futuras gerações sentirão as conseqüências de nossas decisões e de que devemos levar seus interesses em consideração. Mas a eqüidade entre gerações é um conceito ético que muitos consideram excessivamente abstrato. Na exploração a seguir, faremos uma viagem imaginária ao futuro para viver a realidade das relações intergeracionais. Depois dessa "experiência mental", poderemos descobrir que nossa vida contém laços emocionais e espirituais com o passado e o futuro que excedem, e em muito, as ligações estabelecidas pela lógica do interesse próprio.

Procure um lugar onde possa ficar em silêncio e sem que ninguém o perturbe durante mais ou menos uma hora. Sente-se numa posição cômoda e que favoreça a concentração e respire profundamente umas oito ou dez vezes para se sentir mais descontraído e concentrado.

Talvez você já tenha ouvido falar de uma "cápsula do tempo", um contêiner com documentos e artefatos, encerrado numa parede ou numa laje de pedra, para ser aberto em alguma data futura. Na próxima exploração, você terá a oportunidade de preparar um documento para essa "cápsula do tempo", apesar de, nesse caso, a cápsula do tempo pertencer à sua família. Sua tarefa é escrever uma carta ao bisneto do seu tataraneto. Será de grande ajuda se você realmente visualizar essa criança com sua carta nas mãos em algum ponto do século XXII. Essa criança é um de seus descendentes, parte de sua família. Esta exploração será especialmente útil para a sua conscientização se você não tratá-la como se fosse apenas um "exercício", mas como uma atribuição da vida real. Você pode até tomar providências para que sua carta realmente seja entregue.

98 Simplicidade

As perguntas que vêm a seguir destinam-se a ajudá-lo a concentrar sua atenção em pontos essenciais ligados a este livro, mas que, de maneira nenhuma, esgotam o assunto. O intuito é que você use esta exploração como uma oportunidade para desenvolver um sentimento profundo de ligação com as futuras gerações.

1. *Descreva para o seu descendente como o mundo lhe parecia no final do século XX e no início do século XXI.*

2. *Descreva aquilo que pode tê-lo preocupado com relação ao futuro e o que você fez para assegurar o futuro de seus descendentes.*

3. *Quais eram suas preocupações com o mundo que seus descendentes iriam herdar e como você expressou essas inquietações?*

4. *Como você imagina que será o mundo no século XXII?*

5. *Com base em sua experiência de vida, que "conselho sábio" você transmitiria ao seu descendente sobre o modo de vida sustentável?*

6. *Agora, em sua imaginação, volte ao tempo e ao lugar em que você se encontra. O que significou para você escrever essa carta? O que está sentindo e pensando a respeito dela?*

Para onde vai o dinheiro

A maioria das pessoas que mora em comunidades modernas e urbanizadas tem de comprar coisas para viver. Como dispomos nossos recursos financeiros e de que forma tomamos decisões na hora de comprar são oportunidades importantes para desenvolver abordagens mais ponderadas e conscientes com relação ao consumo. Como muitos outros aspectos de nossa vida, a maneira como gastamos nosso dinheiro pode se tornar uma questão de rotina. À medida que nossas decisões de consumo se tornam automáticas, desperdiçamos dinheiro, recursos e tempo sem realmente avaliar o que isso nos custa. Podemos também nos prender a comportamentos consumistas que, de outra forma, poderíamos mudar, se apenas parássemos para nos conscientizar do que estamos fazendo e tomássemos uma atitude com relação a isso.

Na exploração que vem a seguir, você irá investigar para onde vai o seu dinheiro. Se você não tiver extratos bancários ou recibos à mão para obter essa informação, alguma coisa pode ser conseguida nos bancos, nas empresas de serviços, nas financeiras e congêneres. Mas se você não conservou nenhum registro, deve pensar em criar e usar um sistema de arquivo durante uns seis meses. Você não será capaz de tomar decisões responsáveis e conscientes, a menos que tenha informações completas e precisas.

À medida que for refletindo sobre quanto dinheiro ganhou no último ano e de que forma dispôs dele, leve também em consideração quanto você usou de seu poder aquisitivo para manter o *status quo* ou para incentivar mudanças na sociedade. Ficará surpreso ao constatar quanta influência financeira você tem, mesmo que o dinheiro tenha sido distribuído em pequenas quantidades e muitas direções.

Finalmente, você descobrirá como suas decisões na hora de comprar afetaram sua qualidade de vida, quer tenham sido escolhas de peso ou não, e como elas podem ser reorientadas para servir a objetivos mais satisfatórios.

100　　　　　　　Simplicidade

Análise de orçamento

1. No ano passado, qual foi seu rendimento líqüido, levando-se em conta todas as suas fontes de renda?

R$_____

2. Relacione algumas das principais despesas para a manutenção de sua casa:

Aluguel/prestações de financiamento	R$_____
Eletricidade	R$_____
Água e esgoto	R$_____
Gás	R$_____
Seguro	R$_____
Manutenção e consertos	R$_____
Prestações ou manutenção do carro	R$_____
Seguro do carro	R$_____
Combustível, óleo e consertos	R$_____
Alimentação (incluindo refeições fora de casa)	R$_____
Produtos para a manutenção da casa	R$_____
Vestuário	R$_____
Lavanderia, etc.	R$_____
Medicamentos, tratamentos médicos e odontológicos	R$_____
Lazer	R$_____
Presentes	R$_____
Férias e viagens	R$_____
Taxas e mensalidades escolares	R$_____
Seguro de vida e contra acidentes	R$_____
Previdência privada/poupança para educação	R$_____
Despesas com filhos (babá, por exemplo)	R$_____
Investimentos	R$_____
Outras economias	R$_____
Diversos	R$_____

Principais compras feitas nos últimos 12 meses
Item: _____ R$_____
_____ R$_____
_____ R$_____
_____ R$_____
_____ R$_____

Total das Despesas: R$_____

3. *Passe algum tempo examinando seus recibos, avisos de pagamento de cartões de crédito e outros itens para conseguir uma compreensão clara de como seus ganhos foram gastos em cada uma das categorias listadas anteriormente. Conforme o quadro for ficando mais claro para você, especialmente tendo em vista os gastos maiores, reflita sobre as questões ligadas ao consumo propostas pelo Simple Living Collective de San Francisco[9]:*

- *Aquilo que compro ou possuo promove atividade, autoconfiança e envolvimento, ou induz à passividade e à dependência?*

- *Os meus padrões de consumo em geral me deixam satisfeito, ou eu compro muita coisa que, na verdade, não tem serventia?*

- *Até que ponto meu trabalho e meu estilo de vida geram prestações, despesas de manutenção e de consertos e expectativas de outras pessoas?*

- *Eu costumo levar em consideração o impacto dos meus padrões de consumo sobre outras pessoas e sobre o planeta?*

4. *Observe tudo aquilo que percebeu ao responder às perguntas sobre como você gastou o seu dinheiro no ano passado.*

102　　　Simplicidade

5. *Agora, a fim de fazer novas descobertas, faça um orçamento que lhe permita viver com 75% de seus ganhos atuais ou que inclua apenas 75% de suas despesas atuais.*

Que mudanças você seria obrigado a fazer? Seja bem específico. Tente montar um plano viável e pense nas mudanças que seria necessário fazer em seu estilo de vida. Leve em consideração tanto os prós quanto os contras dessas mudanças. De que forma essas mudanças representariam novas oportunidades?

6. *Finalmente, repita o exercício anterior, mas agora faça um planejamento para viver com 50% de seus ganhos atuais.*

O que você ganharia com isso?

O que perderia?

Quais seriam as oportunidades que isso lhe proporcionaria?

Você pretende fazer, de fato, algumas dessas mudanças? Quais?

Imagine um mundo melhor[10]

Uma das descobertas mais gratificantes que podemos fazer quando desenvolvemos a consciência e um modo de vida simples é a nossa capacidade de imaginação. A cultura do consumo funciona a partir de imagens. Ela arrasta nossa imaginação com visões de uma vida boa projetada por outra pessoa. Essas imagens da boa vida têm dois efeitos. Um é nos alienar do potencial de nossa própria imaginação, convencendo-nos de que somos incapazes de imaginar um mundo me-

Explorações 103

lhor do que o outro oferecido a nós pela cultura do consumo. Quantas vezes temos recebido a promessa de experiências, benefícios ou recompensas "além dos nossos sonhos mais loucos"? Isso é como se nos dissessem: "Nós, que criamos esse produto, imaginamos o futuro ainda melhor do que você seria capaz! Assim, você tem de comprar a *nossa* visão do que é uma vida boa".

O segundo efeito desse processo é que perdemos o contato com o valor de nossas próprias visões e deixamos de considerá-lo um guia para a nossa vida. Isso significa que começamos a tentar alcançar objetivos que chegaram até nós vindos de fora, de outras pessoas, e que servem ao propósito de outros, em vez de atendermos às imagens que espontaneamente brotam de dentro de nós e expressam nossas próprias necessidades de crescimento. Enfim, gastamos nossa energia vital buscando os objetivos de outras pessoas, já que nos deixamos convencer de que eles nos trarão satisfação.

Isso não quer dizer que temos necessariamente de seguir nossos próprios sonhos, não importa em que condições. Há espaço para o diálogo com outras pessoas, para "sonhos coletivos", em que podemos moldar visões que são compartilhadas por um grupo ou uma comunidade. Deve-se notar apenas que o diálogo baseado na igualdade e no respeito mútuo é muito pouco característico na abordagem do processo de antevisão do futuro das sociedades industriais.

Descobri que visualizar e imaginar são atividades muito importantes em minha vida porque eu normalmente não mudo nem de hábitos nem de valores em virtude de decisões racionais baseadas em fatos. Em vez disso, eu me apaixono por alguma visão interior daquilo que quero viver ou daquilo que quero me tornar. Sou informado pelos fatos, mas as *visões* me transformam.

104 Simplicidade

Conforme fui ficando mais sensível a esse processo, em minha própria conscientização, percebi com mais clareza o quanto é básico o uso da fantasia (ou, melhor, da fantasia *alienada*) no mundo da propaganda, do *marketing* e do consumo. Uma forma de reduzir a vulnerabilidade à influência dessas forças manipulativas em nossa sociedade é diminuir ou eliminar a exposição a elas, especialmente as representadas pelo rádio e pela televisão. É verdade que esses meios de comunicação *podem* ser também fonte de entretenimento e informação, mas também vale a pena fazer um exercício semelhante ao *Registre sua rotina diária* para anotar quanto tempo passou assistindo à televisão e ouvindo rádio. Assim você poderá identificar entre tantas horas qual foi a proporção de informações disponíveis em termos de educação e diversão e quanto foi possível aproveitar. Mesmo os noticiários e os documentários podem ser muito leves na carga educacional e muito pesados na "manipulação das idéias", o que ultrapassa um pouco as atuais propagandas.

Quando tomamos a iniciativa de interromper o fluxo de fantasias e sugestões que vêm de fora, há um período em que parece que nada está acontecendo. Isso pode ser aborrecido, e é quando sentimos a tentação de voltar a ser "entretidos". Esse espaço "vazio" é apenas a evidência de como nossa capacidade imaginativa vinha sendo entorpecida pelos meios de comunicação e pela cultura do *marketing*, mas logo nossa capacidade para viver com imaginação emerge novamente.

Na exploração que vem a seguir, nós nos reconectamos com a nossa própria capacidade imaginativa e também buscamos visões pessoais de um mundo saudável. Precisamos apenas nos voltar para a direção certa e dar o tempo necessário para que isso aconteça.

Explorações

Procure um lugar em que possa ficar em silêncio e onde não seja perturbado, pelo menos durante uma hora. Sente-se numa posição cômoda e que favoreça a concentração, respire de oito a dez vezes para relaxar e ficar mais concentrado.

Limpe a mente de todas as preocupações do dia e tire uma curta folga mental. Vamos viajar no tempo em sua própria comunidade, só que trinta anos no futuro. As pessoas dessa época aprenderam como viver de uma maneira saudável. Elas reestruturaram sua comunidade, a vizinhança, a cidade, de maneira a garantir o bem-estar e a assegurar que todos os cidadãos pudessem usufruir dele. Agora, você passeia pela comunidade e observa tudo que eles conseguiram. Você tem essa visão dentro de si em algum nível. Ela pode estar fragmentada ou, então, vir por meio de sons e sentimentos. Tudo isso são "visões", portanto dê as boas-vindas a elas, da forma como surgirem para você. Faça um "diário de viagem" da sua visita a um mundo futuro saudável. Para ajudar nesse projeto, incluí algumas perguntas para você levar em consideração e anotar em seu caderno.

1. Como é essa comunidade? Descreva-a tanto quanto for possível.

2. O que as pessoas estão fazendo para ganhar a vida?

3. O que as pessoas fazem para se divertir?

4. De que forma as cidades mudaram?

5. Como as pessoas vivem no campo?

6. Como as pessoas vão de um lugar para o outro nesse tempo futuro?

7. Quais são os cheiros, a aparência e os sons dessa paisagem?

8. *Agora você está vendo uma família. Como é essa família do seu mundo bom? O que os seus integrantes estão fazendo e como vivem?*

9. *Vá a um lugar público, como um mercado ou um parque. Qual é a aparência desse lugar? Qual a diferença entre ele e lugares semelhantes do nosso tempo?*

10. *Qual a descoberta mais importante que as pessoas de seu mundo saudável fizeram para conservar a própria saúde e a do planeta/comunidade?*

11. *Quais são os primeiros passos que você quer dar em sua própria vida para ajudá-lo a tornar realidade a sua visão de mundo saudável?*

Este exercício também pode ser feito em grupo. Os membros do grupo podem partilhar suas visões individuais de um mundo bom por meio de descrições, músicas, dramatizações, esculturas, etc.

Depois da discussão, tentem estabelecer alguns objetivos para todo o grupo ou para cada pessoa, individualmente. Vejam também se o grupo consegue encontrar maneiras de apoiar cada um de seus membros, para que eles possam fazer mudanças na própria vida.

[Esta exploração é baseada em exercícios de visualização desenvolvidos pelo dr. Trevor Hancock, um consultor da área de saúde que atua na região de Toronto com o Canadian Healthy Communities Project, associado à World Health Organization, à Canadian Public Health Association e ao Health and Welfare Canada, 1987.]

Grupos de estudo sobre simplicidade

Está amplamente comprovada a capacidade que os grupos têm de apoiar os esforços individuais na transformação pessoal. Tão logo a simplicidade voluntária deixe de ser um assunto que apenas desperta a curiosidade das pessoas e passe para o terreno das experiências vividas, o grupo de trabalho pode ser um caminho valioso rumo à mudança pessoal. É uma tentação minimizar o desafio que representa a subsistência sustentável: nada menos do que o abandono de um vício difuso e profundamente arraigado. Como outros vícios, nossa relação destrutiva com o consumismo tem raízes emocionais, espirituais, intelectuais e comportamentais, com uma longa história de desenvolvimento. Diferentemente de outras formas de vício, o consumismo tem o verniz da aceitação pública; assim, quando consumimos bens e serviços além do necessário, somos menos censurados pela sociedade do que se consumirmos álcool, tabaco e opiáceos em excesso. Já que é essa a situação, seria muito bom desenvolver uma comunidade cujas pessoas partilhassem seu amor pela simplicidade e sua dedicação a um modo de vida sustentável.

108 Simplicidade

A história do desenvolvimento da Associação dos Alcoólicos Anônimos – e de todos os grupos "anônimos" subseqüentes que seguiram o programa de recuperação de doze passos – sugere a importância que um trabalho em grupo pode ter para aumentar a consciência com relação a comportamentos autodestrutivos e estabilizar padrões de vida mais saudáveis.

O Global Action Plan, com sede em Nova York, promove a formação de grupos de ação comunitária, formado por oito a doze pessoas engajadas em ações ambientais na esfera pessoal e doméstica. Usando a World Conservation Strategy como guia, os participantes revisam oito diferentes áreas dentro do seu estilo de vida (por exemplo, o uso da energia, o desperdício, etc.) e trabalham juntos por um período de uns seis meses para mudar os hábitos e comportamentos que são ecologicamente destrutivos.

É também muito freqüente que a mudança pessoal comece com algum tipo de conferência, *workshop* ou grupo de estudo. Quando nos reunimos com outras pessoas para examinar assuntos que são importantes para nós, tanto nos beneficiamos da visão que elas têm sobre os problemas quanto elas se beneficiam da nossa. Tiramos proveito da criatividade e experiência de outros membros do grupo, que podem nos ajudar a ver nossa própria situação de um outro ângulo.

A "tecnologia" da conscientização é altamente desenvolvida nas mais importantes tradições espirituais do mundo. A prática do celibato, do asceticismo e do isolamento é muito bem compreendida na estrutura monástica, mas muito ainda precisa ser criado em termos de uma vida simples e prazerosa no âmbito familiar e da comunidade. Nesse caso, há um papel especial para o grupo de trabalho e de apoio no trajeto rumo a um estilo de vida mais simples. Os grupos podem ser fontes de pesquisa abundantes e criativas para seus membros, e muito do que fazemos, do que usamos e de como nos posicionamos no mundo precisa ser recriado se quisermos manter as culturas humanas no futuro. A simplicidade voluntária é um desafio extremamente criativo e apropriado para se trabalhar em grupo ou numa comunidade.

Nesta seção, apresentaremos alguns projetos de atividade em grupo que têm o mesmo objetivo genérico dos exercícios de exploração individual da seção anterior. Você pode, se quiser, criar um grupo de estudo sobre a simplicidade com seus vizinhos ou familiares, com um grupo comunitário ou da igreja que freqüenta, ou mesmo com um grupo de colaboradores. Talvez você assuma o papel de líder, ou, então, seja o "patrocinador/organizador", escolhendo outra pessoa para assumir a liderança. Seja qual for o caso, os exercícios que vêm a seguir servem como ponto de partida para discussões em grupo e experiências de aprendizado. Esteja atento para alterar e inovar a "programação" sugerida ou até mesmo deixá-la de lado, se o trabalho que o grupo desenvolver exigir essas mudanças. O objetivo central de todas essas práticas é *ficar mais atento à nossa experiência e consciente dela*, aprender *a viver com mais leveza no planeta Terra e a ter relacionamentos mais ricos e plenos com as outras pessoas, na busca dos nossos valores mais elevados.* Haverá muitos caminhos "certos" que o levarão a atingir esses objetivos.

Grupos de estudo

A Topsfield Foundation of Pomfret, de Connecticut, criou o Study Circle Resource Center, que publica diversos materiais de pesquisa para orientar "grupos de estudo" relacionados a vários assuntos (ver Leituras Recomendadas para obter referências e endereços). Um grupo de estudo é formado de 5 a 20 pessoas que se encontram muitas vezes para discutir importantes temas sociais ou pessoais. Os encontros duram cerca de duas horas e são facilitados por líderes que usam a estrutura própria para grupos de estudo. O objetivo mais importante do grupo é aprofundar a compreensão dos participantes sobre um determinado assunto, enfocando os valores que estão subjacentes às opiniões.

Um processo típico de grupos de estudos inclui a apresentação dos membros, a revisão das regras básicas para participação, a discussão do interesse ou da experiência pessoal com relação a um assunto (neste caso, a simplicidade voluntária) – compartilhando os diferentes pontos de vista sobre o tema –, debates e deliberação de grupos, o resumo do patamar comum alcançado durante o debate e, finalmente, a avaliação e os passos seguintes (que podem incluir ação individual ou do grupo). O Study Circle Resource Centre fornece informações simples e bem redigidas para líderes de grupo, patrocinadores/organizadores e participantes de grupos. O grupo de estudos é, sem dúvida, um caminho para explorar a simplicidade voluntária num contexto coletivo.

Retiros e *workshops*

Uma alternativa para grupos de estudo é organizar um retiro ou um *workshop* em torno da simplicidade. Um *workshop* pode tomar uma única noite ou uma tarde de sábado, ou ser planejado para durar alguns dias. O retiro normalmente exige um lugar com condições especiais de permanência em que os participantes possam ficar, como a sede de um acampamento ou algum outro local que tenha instalações e disposições apropriadas para essa finalidade. Retiros e *workshops* são normalmente eventos realizados isoladamente; assim, falta-lhes a continuidade necessária para apoiar grupos em busca de mudanças no estilo de vida. Mesmo assim, um *workshop* bem planejado pode estimular o interesse da comunidade e desafiar as pessoas a desenvolver sua compreensão sobre a simplicidade e sua aplicação em suas vidas. Seguindo a amostra de programação para

Grupos de estudo sobre simplicidade **111**

atividades em grupo, sugeri alguns esquemas para *workshops* de uma noite, de um dia inteiro ou de dois dias de duração.

AQUI E AGORA
(Para grupos)

Objetivo: Proporcionar espaço e tempo para que os participantes possam despertar, conscientizar-se e expressar-se integralmente sobre como se sentem com relação à vida que levam no presente; para que formalizem suas preocupações com o planeta, com os outros e com as futuras gerações; para abrir espaço a um novo trabalho.

Tempo necessário: Cerca de duas horas para um grupo de oito pessoas.

Material e equipamentos: Canetas e cadernos; uma porção de materiais artísticos e/ou musicais, como instrumentos, fitas cassete, canções, etc.

Processo: 1. Leiam, em grupo, a introdução ao exercício "Aqui e agora" da seção *Explorações*.

2. Faça com que os participantes se reúnam formando um círculo, e peça a cada um deles que fale sobre si mesmo, sobre como se sente vivendo nesse momento da história e no país em que mora. Todos os outros participantes devem ouvir sem fazer comentários, perguntas ou qualquer outro tipo de observação. Nossa intenção é simplesmente ouvir o que cada um de nós tem a dizer, sem aprofundamentos, correções ou questionamento. [Use

uma pena ou uma pedra ou um bastão, que deve passar de mão em mão, definindo quem está com a palavra. A pessoa que estiver com a pena ou a pedra ou o bastão falará sem sofrer interrupções. O líder do grupo pode interferir se a história estiver se prolongando *demais*. O objeto é então passado para a pessoa seguinte, e assim por diante, até que todos tenham falado.]

3. Depois que cada pessoa teve a oportunidade de falar sobre si próprio, peça a alguém que expresse simbolicamente sua experiência de alguma forma, seja desenhando ou fazendo alguma coisa e, depois, depositando-a nessa mesma sala, num lugar especial que sirva de altar e que tenha sido reservado para essa finalidade.

4. Com a expressão "em que ponto estamos", peça aos participantes que pensem sobre eles mesmos como se estivessem vazios e prontos para novas experiências, percepções e idéias.

AS UTILIDADES DO NADA
(Para grupos)

Objetivo: Ajudar os participantes a reconhecer suas capacidades intrínsecas como seres humanos, e apropriar-se delas, distinguindo-as de suas posses materiais ou de seu consumo de serviços.

Material: Canetas, cadernos, painéis e blocos de papel.

Grupos de estudo sobre simplicidade **113**

Processo: 1. Divida os participantes em grupos de cinco a oito pessoas.

2. Escolha um relator.

3. Imaginem que estão numa ilha tropical bem longe da "civilização". Vocês não têm ferramentas ou outros bens, exceto suas roupas. Há muita água fresca para beber, muitos vegetais que podem ser colhidos e o clima não requer roupa ou proteção especial. A ilha tem animais e plantas em abundância, mas nenhum deles representa um perigo real para os seres humanos.

4. Individualmente, pense por alguns minutos e relacione todas as atividades que você poderia praticar nessa ilha.

5. Em seguida, faça uma resenha com seu grupo e criem uma lista do grupo. Desafiem-se uns aos outros a trazer novas idéias. O relator deve anotar todas as sugestões e afixá-las na parede. Todas as sugestões devem estar afixadas.

6. Quando a lista do grupo estiver pronta, mais uma vez, individualmente, selecione suas três atividades preferidas, baseando-se no valor pessoal de cada atividade da maneira como você a vê. Peça a cada pessoa para fazer a mesma coisa e ticar ao lado de cada indicação. Repita isso com todos os membros do grupo até que se possam identificar três ou quatro atividades que sejam as preferidas.

7. Discutam, em grupo, os impactos ambientais, econômicos e humanos dessas três atividades preferidas pelo grupo.

8. [Se o tempo permitir] Repita este exercício, imaginando que você possa levar consigo para a ilha qualquer coisa que pode ser comprada por 200 reais ou menos.
- *O que você compraria?*
- *Quantas atividades você acrescentaria à sua lista? Seja específico.*
- *Que efeitos essas outras atividades teriam sobre o meio ambiente da ilha?*

9. [Se o tempo permitir] Repita o exercício mais uma vez, imaginando desta vez que você tem 20.000 reais para gastar.
- *O que você compraria?*
- *Quantas possibilidades esse dinheiro abriria para você?*
- *Como você classificaria essas possibilidades em comparação com aquelas de sua primeira lista?*
- *Quais são os impactos ambientais causados por novas possibilidades?*

10. Discutam sobre os sentimentos que esses exercícios despertaram e seus resultados:
- *O que a sociedade em que vivemos nos diz sobre a relação entre dinheiro/consumo/propriedade e bem-estar?*
- *Até que ponto isso realmente se enquadra na nossa experiência de vida?*
- *Quais eram as conseqüências ambientais relativas às listas 1, 2 e 3?*

* *As diferenças no impacto ambiental valiam a pena, quando considerado o valor do que se tinha em troca, mesmo de uma perspectiva puramente humana?*

O CUSTO/BENEFÍCIO DA ABUNDÂNCIA
(Para grupos)

Objetivo: Ajudar os participantes a relembrar experiências passadas em que sentiram vitalidade, satisfação, alegria e que a vida valia a pena, relacionando tudo isso com a cultura material. Até que ponto o consumismo cumpriu o que prometeu? Apresentar aos participantes o conceito de rotina e como usamos nosso tempo e nossas energias.

Material: Canetas e cadernos.

Processo: **1.** Peça aos membros do grupo que leiam a introdução a "As melhores coisas da vida..." da seção *Explorações*.

2. Explore a diversidade entre a cultura material e a não-material. Em grupo, lembrem-se do maior número possível de exemplos e os anotem num bloco de papel.

NOTA: Compare a extensão das duas listas. A maioria dos exemplos está sob qual título? Observe também como relacionamos esses exemplos a idéias de desenvolvimento e subdesenvolvimento, e nossa avaliação sobre a cultura de outros povos.

3. Em folhas avulsas, peça a cada um dos participantes que descreva em três parágrafos os três "pontos altos" de suas vidas – momentos gratificantes de extremo bem-estar e alegria.

4. Peça aos participantes que selecionem um dos parágrafos e, usando a imaginação, revivam aquela experiência e aquele momento. Amplie a capacidade dos membros do grupo de recordar esses acontecimentos sugerindo as seguintes perguntas:
- *O que você estava fazendo?*
- *Quem estava com você?*
- *Quais os aspectos mais vitais e alegres desse momento/experiência?*
- *Havia itens essenciais da cultura material para que essa experiência fosse possível? Se a resposta for positiva, quais eram eles?*
- *O que, se é que existe alguma coisa, o impede de repetir essa experiência ou outras desse tipo?*

5. Numa página separada, peça aos participantes que escrevam um parágrafo sobre o que eles fazem num dia comum. Então, conversem a respeito e façam observações que possam ocorrer ao responderem a essas perguntas:
- *Essas atividades o fazem se sentir recompensado?*
- *Se a resposta for negativa, para que elas servem então? Que benefícios elas lhe trazem?*
- *As recompensas são suficientemente importantes ou necessárias para que você continue com essa atividade?*

Grupos de estudo sobre simplicidade 117

- *Em que proporção sua rotina diária inclui atividades que são mais importantes para você?*
- *Até que ponto sua rotina diária está dirigida para aspectos da cultura material? Quais são os benefícios que isso lhe traz?*
- *Até que ponto sua rotina diária o ajuda a alcançar seus objetivos? Na verdade, ela está contribuindo para realizar os objetivos de outras pessoas? Você está de acordo com esses objetivos?*
- *Você consegue imaginar um outro modo de vida?*

6. Numa página nova, peça a cada membro do grupo que programe uma rotina que o faça se sentir mais gratificado e que dê mais sentido à vida dele.

7. Quando os participantes terminarem de escrever, dê um tempo ao grupo para que possam compartilhar a experiência.

NOTA: Este exercício pode, às vezes, despertar fortes sentimentos de "dissonância" na pessoa. A diferença entre aquilo a que damos valor e a realidade do nosso dia-a-dia pode ser muito grande na sociedade atual, e essa divergência é dolorosa. Normalmente, essa dor/raiva/frustração fica bloqueada pela recusa de ver a situação, pela racionalização, ou pela simples agitação da rotina diária. O exercício pode abrir caminho por entre esses padrões de recusa e negação, resultando no contato dos membros do grupo com seus sentimentos de insatisfação. Ao conduzir esse exercício, é importante que o líder do grupo seja hábil e sensível ao lidar com os fortes sentimentos que podem aflorar nas outras pessoas. Embora desagradáveis, essas emoções dolorosas nos dizem muito sobre a condição do bem-estar emocional na sociedade moderna. Como um ferimento que não foi tratado, o primeiro passo para aplicar uma medicação eficaz é reconhecer que a ferida existe.

EU QUERO ISSO AGORA!
(Para grupos)

Objetivo: Aumentar a consciência com relação às nossas necessidades como seres humanos e fazer a distinção entre necessidades e desejos. Ajudar na identificação do montante de tempo, esforço e energia que utilizamos para procurar a satisfação de nossas necessidades em comparação com a busca da realização de nossos desejos.

Material: 1. Faça com que o grupo leia o texto introdutório ao exercício "Eu quero isso agora!", na seção *Explorações*.

2. Forme grupos de cinco a oito pessoas. Peça que dividam uma folha em quatro colunas.

3. Na coluna 1, façam uma lista de necessidades humanas essenciais e debatam sobre ela. Oriente-os a incluírem não só as coisas que são essenciais à sobrevivência física, mas todas aquelas coisas

Grupos de estudo sobre simplicidade

exigidas para que um ser humano desabroche e alcance todo o seu potencial.

4. Na coluna 2, relacionem os caminhos mais diretos para atender a cada uma dessas necessidades. Peça aos participantes que escrevam, em particular, em seus próprios cadernos, como essas necessidades são atendidas na vida deles. Há alguma necessidade que não está sendo satisfeita?

5. Na coluna 3, façam uma lista do maior número possível de conseqüências ao meio ambiente, causadas pelo modo como tentamos satisfazer nossas necessidades atualmente.

6. Na coluna 4, peça ao grupo que descubra o maior número possível de exemplos de como preencher essas necessidades de maneira que causem um impacto ambiental menor.

7. Deixe de lado a lista de necessidades. Debata com o grupo as diferenças entre necessidades e desejos. Relacionem alguns exemplos de desejos.

8. Se as necessidades são um aspecto básico da vida para os seres humanos, de onde vêm os desejos? De onde tiramos essas idéias?

9. Quais são as conseqüências ambientais da busca da realização dos desejos?

10. Há outros meios para realizarmos nossas aspirações que tenham um impacto ambiental menor? Se a resposta for positiva, quais são eles?

11. De quanto tempo e de que atividades precisamos para satisfazer os desejos *versus* as necessidades?

12. Reflitam sobre essas ocasiões em que vocês realizaram um desejo *versus* uma necessidade. Como sabiam que uma necessidade estava sendo satisfeita? Como sabem quando um desejo é realizado?

13. Se as necessidades são limitadas por nossas capacidades naturais de realização mas os desejos não o são, como isso afeta o meio ambiente e interfere na possibilidade de outras pessoas satisfazerem suas necessidades no futuro?

14. Reúnam suas descobertas e debatam a respeito. Convide cada participante a falar sobre as implicações que essa discussão possa vir a ter no seu modo de vida.

MEU PLANETA POR UMA XÍCARA DE CAFÉ
(Para grupos)

Objetivo: Refletir sobre o sentido do progresso, a redução da reciprocidade e o desvio da criatividade para objetivos que só visam ao lucro. Considerar o valor das coisas com relação às necessidades a que elas

Grupos de estudo sobre simplicidade

se destinam, em vez de levar em conta seu valor de mercado.

Material: Canetas e cadernos.

Processo: 1. Leiam a história de Quinn na seção *Explorações* (*Meu planeta por uma xícara de café*).

2. Peça aos membros do grupo para escolher algum item da cultura material que passou por uma "evolução" considerável desde que foi inventado, como, por exemplo, a geladeira, a máquina de lavar, etc.

- *Identifique a necessidade que motivou a criação dessa máquina ou aparelho.*
- *Localize e anote numa folha cada estágio do desenvolvimento desse artefato, no decorrer dos anos.*
- *Houve algum momento em que as mudanças nesse aparelho não representaram uma melhora em seu funcionamento? Se a resposta for afirmativa, quando isso aconteceu?*
- *Quais foram os resultados dessas mudanças adicionais? Quem se beneficiou com elas?*
- *Chegou a um ponto em que o desenvolvimento se tornou excessivo?*
- *Qual a relação que existe entre esse aparelho e a necessidade que ele deveria satisfazer no fim do seu processo de desenvolvimento em comparação ao começo?*

3. Debatam em grupo e tomem nota de suas observações.

- *O que nos custa esse tipo de abordagem de desenvol-*

vimento em termos de tempo, dinheiro, meio ambiente, qualidade de vida, paz espiritual, discernimento e harmonia internacional e intercultural?

- *Que tipo de alternativas a esse sistema somos capazes de imaginar?*
- *Que providências podemos tomar para pôr em prática essas alternativas?*

CARTA AOS DESCENDENTES
(Para grupos)

Objetivo: Ajudar os participantes a cultivar um senso interior de continuidade da própria vida com a dos descendentes; a criar uma "consciência transgeracional" que ajude a conectar nosso comportamento atual a suas futuras conseqüências.

Material: Canetas e cadernos.

Processo: 1. Peça que leiam o início do exercício "Aos filhos dos filhos dos meus filhos" na seção *Explorações*. Fazer um relaxamento orientado e concentração.

2. Peça aos participantes que visualizem a si mesmos em primeiro lugar, em seguida aos filhos (sobrinhos, ou quaisquer outras pessoas da família da geração seguinte), então os netos e, finalmente, os bisnetos.

3. Assim que a imagem dos descendentes tornar-se completamente real, peça a cada participante que escreva uma carta a essa criança para:

Grupos de estudo sobre simplicidade

a) Contar-lhe como vivemos os últimos anos do século XX e o início do XXI.

b) Num parágrafo ou dois, descrever como você imagina o mundo em que seu descendente estará vivendo quando receber a carta.

c) Em alguns parágrafos, contar sobre o que você fez em sua vida para evitar desastres ecológicos. Não importa se você foi bem-sucedido ou não, apenas conte o que o preocupou, o que desejou fazer, tentou consertar, etc.

4. Essas cartas são totalmente particulares. Não se deve pedir a ninguém que as leia ou que sejam passadas de mão em mão, a menos que essa seja a vontade de quem as escreveu.

5. Recomende aos participantes de seu grupo que sejam tolerantes consigo mesmos. Uma pessoa só não consegue mudar o mundo.

6. Conclua com um parágrafo destacando suas esperanças para o seu bisneto.

7. Depois que todos escreveram, abra a reunião para o debate e a leitura, caso as pessoas desejem que ela seja feita.

a) Como se sentiu durante este exercício?

b) O que você conseguiu observar por intermédio dele?

c) Qual a perspectiva que desenvolveu em seu modo de vida e suas implicações para o futuro?

d) Se experimentou algum desconforto durante o exercício, pode sentir isso como uma evidência da sua ligação com a vida como um todo maior?

124 Simplicidade

NOTA: Este exercício também pode despertar sentimentos de dissonância e muitas vezes de culpa. Entretanto, é importante que o líder do grupo consiga lidar com esses sentimentos com respeito e sensibilidade. De fato, não costumamos pensar muito nas futuras gerações, além da dos nossos filhos. É uma atitude normal em nossa cultura. Quando, entretanto, nos decidimos realmente a considerar nossa ligação com as gerações futuras e nosso interesse por elas, nós nos vemos de novo diante da estreiteza e das limitações impostas pelo ponto de vista do mundo consumista. A maioria de nós pode sentir uma ligação emocional e espiritual forte com o futuro, se usar a imaginação para viabilizar o processo. É saudável sentir raiva contra um sistema social que nos priva dessa experiência de relacionamento. É também compreensível, embora não ajude em nada, sentir alguma culpa com relação à nossa negligência passada, deliberada ou inconsciente, quanto a essa ligação. O que é mais útil, entretanto, é experimentar a realidade de nossa ligação com o futuro e usar essa percepção para tomar novas decisões quanto à maneira como vamos gastar nosso tempo e nosso tesouro no futuro.

IMAGINE UM MUNDO MELHOR
(Para grupos)

Objetivo: Para descobrir as energias da fantasia positiva e conectar-se a elas. Levar à percepção consciente a imagem interior de como viver melhor com o mundo. Aprender a pensar em termos de alcançar objetivos significativos em vez de pensar continuamente em termos de desastres que é preciso evitar. Permitir que a intuição comunique-se com o intelecto.

Material: Canetas, cadernos, painéis, papel, todo tipo de material de arte, argila, pedras, etc.

Processo: 1. Faça com que os participantes leiam o exercício "Imagine um mundo melhor", na seção *Explorações*.

2. Peça aos participantes que relaxem e façam uma "viagem" imaginária para um mundo melhor no futuro. As pessoas desse mundo aprenderam a viver com simplicidade, dignidade e alegria:
- *Qual a aparência desse mundo?*
- *O que as pessoas fazem para ganhar a vida?*
- *De que maneira as cidades se transformaram?*
- *Como é a vida no campo?*
- *Qual é o cheiro que se sente nessa paisagem?*
- *Que tipo de recreação/entretenimento existe aí?*
- *Etc.*

3. Peça aos membros do grupo que escrevam/esculpam/desenhem/cantem alguma coisa que descreva o que estão imaginando.

4. Que todos compartilhem suas visões com o grupo.

5. Agora, no papel, peça que comparem sua visão de um mundo melhor com a visão do nosso mundo atual, a fim de identificar duas ações específicas que cada participante pode executar antes do fim da semana, para aproximar nosso mundo atual das nossas visões de como viver com simplicidade.

6. Que todos tomem conhecimento desses "pactos" e discutam sentimentos, etc., tendo o exercício como ponto de partida.

Alternativa: 5. Depois de compartilhar a visão de cada um, peça que voltem ao relaxamento profundo e repitam os passos da "viagem" para o futuro. *Sua visão de um mundo bom mudou?* Se a resposta for afirmativa, de que forma isso se deu?

6. Peça que discutam em grupo os resultados da segunda visualização. E que concentrem-se particularmente na maneira com que as pessoas do grupo se sentem com relação umas às outras, depois de partilhar suas visões de mundo.

7. Fazer pactos de ação comunitária, como nos itens 5 e 6 anteriores.

Grupos de estudo sobre simplicidade

Sugestões de programação para *workshops*

Nas próximas páginas, apresento algumas sugestões para programação de grupos em *workshops* de pouca duração e que tratem da simplicidade voluntária. O ponto central do planejamento para as atividades do *workshop* inclui os exercícios e as experiências em grupo descritas anteriormente. Para fazer um *workshop* que realmente funcione é preciso uma série de habilidades relativamente especializadas. Facilitadores com experiência em grupos vão se sentir livres para usar minhas sugestões, combinando-se com outras informações acerca da montagem de *workshops* para chegar ao contexto adequado da experiência em grupo. Sem dúvida, líderes experientes também acrescentarão algumas idéias próprias para enriquecer o processo como um todo.

Creio, entretanto, que os grupos de estudo e *workshops* de curta duração possam ser conduzidos por qualquer um que tenha alguma capacidade de liderança, respeito por outros adultos e sensibilidade com relação à nossa condição humana. A maioria das pessoas é responsável e independente o suficiente para participar de modo construtivo desse tipo de evento. Cada grupo estabelecerá a profundidade a que levará seus estudos, levando em conta o quanto se sente preparado para as questões e desafios da simplicidade voluntária. Eu gostaria, entretanto, de apresentar algumas sugestões para a condução desses *workshops*.

Local: Os locais em que trabalhamos transmitem muita coisa sobre os valores que associamos ao nosso trabalho. Por exemplo, é muito estranho realizar um *workshop* sobre simplicidade voluntária num hotel de luxo! Os participantes desses *workshops* são muito sensíveis a esse tipo de inconsistência. O fato de o *workshop* se realizar num local que reforce sua mensagem

128 Simplicidade

fortalecerá todo o processo desencadeado. Há muitos locais modestos destinados à realização de retiros, acampamentos, centros de conferências localizados em bosques, centros comunitários ligados a igrejas ou a sociedades civis, como também casas particulares que se encaixam esplendidamente à mensagem da simplicidade voluntária.

Alimentação: Outro aspecto dos *workshops* que pode tanto reforçar quanto minimizar a mensagem central é o tipo de bebida e de comida que é servido (e como). Banquetes com aperitivos, entradas, primeiros pratos, pratos principais com carnes vermelhas, sobremesas diversas contradizem os princípios básicos da vida simples – eqüidade internacional e intergeracional, sustento ecológico, etc. Bebidas muito elaboradas e servidas em material descartável comunicam a mesma mensagem. A comida *é* importante precisamente por ser um foco poderoso para a interação social e um caminho para nossa participação direta, pessoal e sensorial na excelência do mundo. Ao escolher os alimentos para as refeições (se seu *workshop* incluir comida) e as bebidas, convém optar por alimentos simples, louça e talheres não descartáveis, e se esmerar na apresentação dos pratos. Alimentação simples, bem apresentada e saboreada com prazer diz muito sobre a filosofia da simplicidade e pode auxiliar a reforçar outras experiências do *workshop*.

Ritmo: O ritmo das atividades do *workshop* pode ser outro elemento importante para sua eficácia. Muitos *workshops* e seminários atuais incluem uma programação carregada que deixa os participantes exaustos e sem energia. O trabalho de grupo a serviço da simplicidade deve ser planejado de tal forma que exija o suficiente para manter o nível de interesse dos participantes, mas que também deixe tempo livre para intervalos, socialização

Grupos de estudo sobre simplicidade **129**

e meditação. Isso é especialmente importante em eventos que duram vários dias. O ritmo do *workshop* deve apresentar uma alternativa para a hiperatividade patológica de muitos "seminários de treinamento" modernos. A intenção ao explorar a simplicidade voluntária não é alcançar o *máximo* possível no mais curto espaço de tempo, mas ir tão *fundo* quanto possível. Isso exige um nível de atenção fundamentalmente diferente com relação aos demais participantes e ao trabalho que se está fazendo. Portanto, dê um tempo às pessoas para que elas "absorvam" as descobertas, introvisões e tomadas de consciência que obtêm por intermédio das experiências do *workshop*.

Diretrizes para o trabalho em grupo: Quase toda a estrutura do *workshop* nos faz lembrar de nossos anos de escola. Os *workshops* sempre correm o risco de se tornar palestras ou aulas baseadas nos hábitos que adquirimos quando crianças. Mas dirigir adultos em grupos de estudo ou outros grupos experimentais é fundamentalmente diferente de lidar com crianças em estruturas escolares tradicionais. Aprendizes adultos e membros de grupos diferem de crianças em muitos aspectos:

- Os adultos trazem consigo experiências e conhecimentos significativos para o ambiente de aprendizagem, em parte em função de sua experiência de vida e em parte porque eles freqüentemente já receberam instrução em seus respectivos campos de trabalho ou de interesse. Os adultos, portanto, não são "recipientes vazios" que devem ser preenchidos com informações (não são mais crianças!), mas são grandes *fontes de informação* para o *workshop*. O processo do *workshop* deve favorecer a expressão do conhecimento e dos talentos de seus participantes.

130   Simplicidade

- Os adultos assumem uma abordagem prática em grande parte de seu aprendizado. A relevância dada, no *workshop*, para assuntos práticos da vida será, portanto, um ingrediente fundamental para seu sucesso. Os "assuntos práticos" não se restringem às minúcias do orçamento ou à escolha do que comprar. Para muitas pessoas, dependendo do ponto em que se encontram no ciclo da vida, assuntos como o sentido da vida, contribuições possíveis para as gerações futuras, crescimento espiritual e participação como membros produtivos de uma comunidade são assuntos extremamente práticos. O importante é evitar generalidades vagas no decorrer do *workshop*. Concentre continuamente o debate em ações realistas e nas conseqüências de decisões e compromissos pessoais, assim como são vividos específica e concretamente na vida real de cada participante.

- Os adultos conseguem ser muito ativos em seu processo de aprendizagem, embora haja, certamente, adultos passivos nessa área. Líderes eficientes de *workshops* sabem que a responsabilidade por um aprendizado frutífero é, em primeiro lugar, dos próprios participantes do grupo. Isso, em parte, pode ser conseguido estabelecendo-se, desde o início, a expectativa de que os participantes do *workshop* serão os responsáveis por definir seus objetivos de aprendizado/experiência e por cuidar para que eles sejam cumpridos. Conduzir adultos em *workshops* exige não tanto a satisfação direta de necessidades, mas a criação de condições sob as quais eles possam satisfazer suas próprias necessidades (como afirmação, respeito, segurança, encorajamento, fontes de informação abundantes, tempo apropriado, processo de *workshop* bem definido, flexibilidade, etc.). Os adultos, em

Grupos de estudo sobre simplicidade

geral, oferecem resistência a programações impostas, mas trabalham juntos de bom grado para programar atividades para o grupo que sejam aceitáveis para todos. Dadas essas características dos participantes de *workshops*, tenho descoberto, com freqüência, que é muito útil oferecer alguma orientação para o trabalho em grupo, para que tanto os participantes quanto os líderes possam trabalhar segundo um quadro de regras básicas, que podem ser modificadas ou complementadas, dependendo de circunstâncias especiais do próprio grupo:

–A menos que haja um acordo estabelecendo o contrário, todas as informações pessoais partilhadas no grupo são confidenciais e permanecem restritas a ele.

–Cada participante é responsável por definir seus objetivos, ao participar do grupo, e por trabalhar de modo ativo e construtivo para alcançar esses objetivos.

–Todo membro do grupo merece respeito, atenção e consideração. Toda contribuição pessoal tem valor.

–Nosso objetivo é o diálogo em que haja respeito e enriquecimento mútuo. Embora as opiniões e crenças possam diferir e gerar conflito, nosso propósito não é debater, estabelecer uma posição antagônica ou convencer os outros sobre a correção de nosso modo de pensar. Estamos reunidos para apoiar o desenvolvimento uns dos outros.

–Os sentimentos não são certos nem errados. São apenas acontecimentos de nossa experiência que merecem compreensão e respeito. Podemos nos enganar com questões relativas ao dia-a-dia, mas não com sentimentos.

–Nosso objetivo não é necessariamente chegar a um consenso ou acordo. Mas sim apoiar uns aos outros na exploração de um território que pode ter muitos caminhos diferentes, e em viagens com programações muito diferentes. Nós concordamos em dividir as experiências que tivemos em nossa própria jornada.

–Concordamos em respeitar as necessidades e os direitos dos outros, mantendo os valores saudáveis e filosóficos do ambiente do *workshop*, como reivindicamos também esses direitos para nós.

Sugestão de programação para um *workshop* de UMA NOITE

19:00 Apresentação dos participantes, líder(es) de grupo e regras básicas para discussões em grupo.

19:15 "Apresentação do grupo", para levantar quais são os interesses dos participantes em freqüentar o *workshop*, seus objetivos de aprendizado e as concepções que têm a respeito da simplicidade voluntária. Essas informações devem ser anotadas e expostas num lugar visível a todos.

19:30 Exercício *As utilidades do nada* ou *Custo/benefício da abundância*.

21:00 Exercício *Imagine um mundo melhor*.

22:00 Conclusões finais, avaliação do *workshop*, próximas etapas e despedidas.

Sugestão de programação para um *workshop* de UM DIA

8:30   Recepção, apresentação dos participantes, dos líderes dos grupos e de pormenores sobre as acomodações, se for necessário. Revisão das regras básicas para participação em grupo.

8:45   "Apresentação do grupo", para levantar quais os interesses dos participantes em freqüentar o *workshop*, seus objetivos de aprendizado e as concepções prévias sobre a simplicidade voluntária. Essas informações devem ser anotadas e expostas num lugar visível a todos.

9:00   Sessão I: Exercício *Aqui e agora.*

10:30   *Intervalo*

10:45   Sessão II: Exercício *Custo/benefício da abundância.*

12:30   *Almoço* (servir pratos simples, vegetarianos, que são ao mesmo tempo deliciosos e leves.)

13:30   Sessão III: Exercício *As utilidades do nada.*

15:00   *Intervalo*

15:15   Sessão IV: Exercício *Imagine um mundo melhor.*

16:45   Apresentação das próximas etapas, avaliação do *workshop*, conclusões finais e despedidas.

17:30   Encerramento.

Sugestão de programação para *workshop* de DOIS DIAS

PRIMEIRO DIA

8:30   Recepção; apresentação dos participantes e dos líderes dos grupos; esclarecimentos sobre pormenores das acomodações e regras básicas para participação em grupo.

9:00   "Apresentação do grupo", para levantar quais os interesses dos participantes em freqüentar o *workshop*, seus objetivos de aprendizado e as concepções que têm sobre a simplicidade voluntária. Essas informações devem ser anotadas e expostas num lugar visível a todos.

9:30   Sessão I: Exercício *Aqui e agora.*

10:45   *Intervalo*

11:00   Sessão II: Exercício *Custo/benefício da abundância.*

12:30   *Almoço*

13:30   Sessão III: Exercício *Meu planeta por uma xícara de café.*

15:00   *Intervalo*

15:15   Sessão IV: Exercício *Eu quero isso agora!*

16:45   Retrospectiva e resumo do primeiro dia.

17:30   *Jantar*

À noite: Socialização, meditação, caminhadas, etc.

SEGUNDO DIA

9:00 Narrativa dos sonhos (se for adequado); exame da programação do segundo dia.

9:30 Sessão V: Exercício *As utilidades do nada* (versão mais longa).

10:45 *Intervalo*

11:00 Sessão VI: *As utilidades do nada* (continuação).

12:00 *Almoço*

13:00 Sessão VII: Exercício *Carta aos descendentes.*

14:30 *Intervalo*

14:45 Sessão VIII: Exercício *Imagine um mundo melhor.*

16:00 Próximas etapas, avaliação do *workshop*, conclusões, resumos e despedidas.

17:00 Encerramento.

LEITURAS RECOMENDADAS

Babbitt, Dave. *Downscaling: Simplify and Enrich Your Lifestyle*. Chicago: Moody Bible Institute, 1993.

Callenbach, Ernest. *Living Cheaply with Style*. Berkeley: Ronin Publications, 1992.

Conze, Edward. *Buddhist Meditation*. Londres: George Allen and Unwin Ltd., 1968.

Cooper, David A. *Silence, Simplicity and Solitude: A Guide for Spiritual Retreat*. Nova York: Bell Tower, 1992.

Cox, Connie. *Simply Organized! How To Simplify Your Complicated Life*. Voorheesville: Perie Press, 1988.

Culp, Stephanie. *Streamlining Your Life*. (Esgotado)

Dacyczyn, Amy. *The Tightwad Gazette: Promoting Thrift as a Viable Alternative Lifestyle*. Nova York: Villard Books, 1993.

138 Simplicidade

Davidson, Jeff. *Breathing Space*. Mastl Press: 1992.

Dominguez, Joe & Vicki Robin, *Your Money or Your Life: Transforming Your Relationship with Money and Achieving Financial Independence*. Nova York: Penguin, 1993.

Dregni, Meredith Sommers. *Experiencing More with Less: An Intergenerational Curriculum for Camps, Retreats, and Other Educational Settings*. Scottdale: Herald Press, 1983.

Easwaran, Eknath. *The Compassionate Universe: The Power of the Individual to Heal the Environment*. Petaluma: Nilgiri Press, 1989.

Elgin, Duane. *Voluntary Simplicity: Toward a Way of Life That is Outwardly Simple, Inwardly Rich*. Nova York: William Morrow and Company, Inc., 1993. [*Simplicidade Voluntária*, publicado pela Editora Cultrix, 1999, SP.]

Emerson, Ralph Waldo. *Essays and Journals*. Garden City: International Collectors Library, 1968. (Ver especialmente os artigos sobre "Autoconfiança", "Círculos", "Leis Espirituais" e "Superalma".)

Enomiya-Lasalle, Hugo M. *The Practice of Zen Meditation*. Bath: Aquarian Press, 1990.

Eyre, Richard. *Lifebalance*. Nova York: Ballantine Books, 1989.

Fromm, Erik. *To Have or To Be?* Nova York: Bantam Books, 1981.

Leituras recomendadas

Hawken, Paul. *The Ecology of Commerce*. Warrenton: Perelandra Press, 1994.

Kabat-Zin, Jon. *Wherever You Go, There You Are: Mindfulness, Meditation...*

Kavanaugh, John Francis. *Following Christ in a Consumer Society: The Simplicity of Cultural Resistance*. Maryknoll: Orbis Books, 1982.

Kirsch, M. M. *How To Get Off the Fast Track...* Nova York: Harper Collins, 1992.

Lewin, Elizabeth. *Kiss the Rat Race Goodbye*. Walke Press, 1994.

Longacre, Doris Janzen. *Living More With Less*. Scottdale: Herald Press, 1980.

Mello, Anthony de (S.J.). *Sadhana: A Way to God*. Poona, Índia: Gujarat Sahitya Prahash, 1978.

Nollman, Jim. *Spiritual Ecology*. Banpp, 1990.

Rohr, Richard. *Simplicity: The Art of Living*. Nova York: Crossroad Publishing Co., 1992.

Satzman, Amy. *Downshifting*. Warrenton: Perelandra Press, 1992.

Schumacher, E. F. *Small Is Beautiful: Economics as if People Mattered*. Nova York: Harper & Row, 1973.

140 Simplicidade

Shi, David E. *The Simple Life: Plain Living and High Thinking in American Culture.* Uoxft, 1986.

Sinetar, Marsha. *Do What You Love, The Money will Follow.* Mahwah: Paullist Press, 1995.

St. James, Elaine. *Simplify Your Life.* Hypen Press, 1994.

Study Circles Resource Centre. *The Study Circle Handbook: A Manual for Study Circle Discussion Leaders, Organizers, and Participants.* Pomfret, CT.: Topsfield Foundation, INC., 1993. (Disponível no Study Circles Resource Centre, P.O. Box 203, Pomfret, Connecticut, 06258, USA, (203) 928-2616; fax (203) 928-3713.)

Thoreau, Henry David. *Walden and Other Writings.* Nova York: Bantam Books, 1989.

Trungpa, Chogyam. *Shambala: The Sacred Path of the Warrior.* Nova York: Bantam, 1984.

VandenBroeck, Goldian. *Less is More: The Art of Voluntary Poverty.* Nova York: Harper Colophon Books, 1978.

Wachtel, Paul L. *The Poverty of Affluence.* Philadelphia & Gabriola Island: New Society Publishers, 1989.

Periódicos:

Essential Living. The Essencial Living Society, 409 SE 21st Avenue, Portland, 97214.

In Context: A Journal of Hope, Sustainability and Change. P. O. Box 11470, Bainbridge Island, WA 98110, USA.

Simple Living Quarterly: The Journal of Voluntary Simplicity. Simple Living Press, 2319, N. 45th Street, Box 149, Seattle, 98103.

REFERÊNCIAS BIBLIOGRÁFICAS

[1] Elgin, Duane. *Voluntary Simplicity: Toward a Way of Life That Is Outwardly Simple, Inwardly Rich*. Nova York: William Morrow and Company, Inc., 1981, p. 163. [*Simplicidade Voluntária*, publicado pela Editora Cultrix, 1999, São Paulo.]

[2] Conze, Edward. *Buddhist Meditation*. Londres: George Allen and Unwin, Ltd., 1968, p. 113.

[3] Lissner, Jorgen. *Personal Lifestyle Response to Social Injustice*.

[4] Lebow, Victor. In *Journal of Retailing*. Citado em Vance Packard. *The Waste Makers*. Nova York: David McKay, 1960.

[5] Worley, Michael. Chicago: National Opinion Research Center, Universidade de Chicago, 1990. In Lester R. Brown et al. *State of the World*, 1991. Nova York: W.W. Norton & Co., 1991, p. 156.

[6] Easterlin, R. A. "Does economic growth improve the human lot? Some empirical evidence." In Michael Argyle. *The Psychology of Happiness*. Londres: Methuen, 1987.

[7] Progoff, Ira. *At a Journal Workshop*. Los Angeles: Jeremy P. Tarcher, Inc., 1992.

[8] Maslow, Abraham. *Toward a Psychology of Being*. Nova York: Van Nostrand, 1968.

[9] Simple Living Collective of San Francisco. *Taking Charge*. Nova York: Bantam Books, 1977.

[10] Hancock, Trevor. "Healthy Cities: The Canadian Project." In *Health Promotion*, 1987.